股权赢天下

施琰博 著

目 录

前 言 / I

第一章　股权激励 /01

三板斧 /02
什么是股权激励 /02

为什么要实行股权激励 /04

股权激励的"三板斧" /08

七种模式 /012
股票期权：看涨买入 /012

期股：无需本金 /014

虚拟股票：共赢模式 /016

业绩股票：以业绩为准 /017

限制性股票：打折的股票 /018

股票增值权：市场请客 /020

优先股：特权股权 /021

九个步骤 /024

定目标：有的放矢 /024

定时间：全面掌控 /026

定对象：精确激励 /028

定模式：灵活运用 /028

定条件：明确义务 /029

定来源：量入为出 /031

定数量：科学定量 /033

定价格：科学定价 /034

定规则：做最坏打算 /036

五个阶段 /038

初创阶段 /038

起步阶段 /040

维护稳定阶段 /042

快速上升阶段 /044

稳定着陆阶段 /046

职业经理人 /047

普通员工 /049

风险管控 /051

股权稀释，保证权力 /051

考核错位，维护公平 /054

利欲熏心，加强监管 /056

原则和难点 /058

制度建设 /060

第二章 股权融资 /065

我国私募资本的现状 /066

私募资本 /066

中国私募资本简史 /069

外国私募资本 /073

中国私募资本现状 /077

私募资本的运作法则 /080

运作谜团 /080

私募资本是怎样运作的 /085

私募资本对企业的帮助 /088

魔鬼游戏 /094

太子奶事件 /094

蒙牛博弈摩根士丹利 /099

永乐的悲歌 /104

相对论 /109
雷士照明沉浮记 /109

马云与朱新礼的危机与救赎 /114

分众传媒的得与失 /118

第三章 股权投资者必读 /123

理念 /124
正确看待股票价格 /124

逆向投资 /129

实业理念 /133

路径 /138
品质问题 /138

估值问题 /142

时机问题 /146

投资的风险与管控 /150
价值陷阱和成长陷阱 /150

风险与底线 /154

投资心理学 /159

未来的投资 /163

第四章　资本困局 /167

资本困局 /168
信贷之伤 /168

资本的盲目扩张 /172

影子银行 /177

互联网金融 /182
吃螃蟹的马云 /182

争议 /185

互联网金融为什么能成功 /188

P2P 网贷 /191

跨界金融 /196

资本的未来 /201
民营商业银行 /201

产融结合 /206

资本运作全球化 /210

前 言

中国经历了从个体户、国企改制到房地产这三波财富造富运动。如今，股权，实现了新时代的全新财富传奇，缔造了前所未有的商业神话，让众多有梦想、有抱负的时代精英成就了伟业。

新经济呼啸而来，企业发展分化加剧。有的企业突飞猛进，直奔寡头；有的企业却一路磕磕绊绊，甚至越走越远。如今越来越多的企业家开始思考在新环境下企业如何取得突破。在四年的企业咨询中，我服务了很多中小企业，帮助很多企业进入新三板和主板上市。我发现，企业要取得飞跃，真正要突破的并非仅仅在产品、业务、营销上，更深层次的是在于企业股权价值的实现。

如果企业不懂股权，就会导致团队斗志涣散，而员工自立门户成对手。

股权运用不好，兄弟变仇人，股东变敌人，创始人做大企业后残酷出局，资金难以进入，优质项目一再流产，老板呕心沥血，员工缺乏激情，上下游一盘散沙。

股权是把双刃剑，用对，企业超常规发展；用错，企业全面崩盘。股权已成为无数企业在发展中无法突破的盲点。

真功夫的两大创始人因不懂股权分配而导致"龙虎斗"，从家族合伙到反目成仇。

估值 4000 万的西少爷肉夹馍，因股权纠纷，创始人团队分崩离析。

近日的宝万之争炒得沸沸扬扬，王石一次次被逼到悬崖边上。大娘水饺、俏江南、雷氏照明、一号店等，皆因为创始人不懂股权布局，丧失了企业控制权！有多少企业因为不懂股权融资而导致企业频频陷入资金危机，最终在金融风暴来临之际轰然倒塌！

马云控制着整个阿里帝国，却仅持有阿里巴巴 7.47% 的股权。

华为创始人任正非仅拥有 1.04% 的股权，却能控股公司。

马化腾持股腾讯 8.82%，依然无人能撼动其腾讯帝国的掌舵权。

小米公司创立仅四年，未上市，估值高达 500 亿美元。

柳传志持有联想集团股份不足 1%，不参与公司管理，却让联想成为年营业额数百亿美元的世界五百强公司。

我们常说，经营企业就是经营人，而经营人就是经营人的需求。

企业实施股权激励，既是一种利益分享，也是一种竞争工具和发展手段，通过股权激励体系，实现企业与员工共创、共担、共享，打造无血缘的大家族企业系统，形成"背靠背，共进退"的命运共同体，实现员工、老板利益共同体，在企业与员工之间建立一套共赢的激励系统！

这本《股权赢天下》曾经被同行疯狂地传抄，这个主要是因为我们在探索企业创新发展之路方面做出了不一样的尝试。我希望把我们运用股权实践企业的理论和实操介绍给更多企业家。本书是我们四年来深入研究上百家传统企业如何从小到大、股权如何布局、如何进行股权激励、如何进行股权管控、如何股权融资、如何股权分配、如何操作落地、如何规避风险、如何通过股权建立企业产业链、如何成为行业寡头的经验梳理与总结。希望能够为还在企业成长这条路上摸索的企业家朋友树立方向标，能够真正帮助和指导当下企业快速升级，转型成为行业寡头。

《股权赢天下》这本书通过大量的实战案例分析，帮助企业家梳理商业模式，股权激励、股权布局、股权融资、股权众筹、股权并购、建立盈利模型，找到企业价值，并通过项目风投对接，快速突破企业发展的瓶颈；提高资本运营能力，大大提升公司的行业竞争力，在金融市场游刃有余，为企业节约大量的时间和经济成本。相信通过《股权赢天下》这本书的引导，企业可以找到适合自身发展的股权激励路径，充分发挥企业核心价值潜能，运用资本的智慧与力量，推动企业成为行业寡头，一起推动中国的企业站在世界的舞台上。

最后我要感谢所有参与创作《股权赢天下》这本书的专家老师，因为有大家的付出，才让本书的理论体系更完善。我要感谢我们所有的企业家学员，因为有你们的实践，才让我们的理论体系得到了检验和升华。我还要感谢岳小姐和公司伙伴，以及帮助过我们的所有人，你们的辛苦付出成就了我们。同时我也希望我们能够真正帮助到每一个企业，共同推动这个时代向前发展，把我们的正能量传递给每一个人，鞠躬！

谨以此书献给所有企业家朋友！

中国梦！企业梦！世界梦！

施琰博

2016年7月19日

第一章

股权激励

三板斧
七种模式
九个步骤
五个阶段
风险管控

01
三板斧

什么是股权激励

天下大势如潮涌，顺之者昌，逆之者亡。放在企业管理上，也是如此。

近几十年来，全球化的商业大潮几乎席卷了每一个角落，这是一个前所未有的荣耀的时代。

在如今的商业社会中，企业与企业的竞争一直处于白热化的状态，企业竞争的中心则是人才的竞争。

说一个新闻：2016年河北文理高考状元均来自衡水中学。其中，理科状元孟祥熙，总分724；文科状元袁嘉玮，总分706。据衡水中学外宣科主任张永介绍，6月22日晚上，清华、北大连夜抢人，两位状元已被北京大学、清华大学接到北京。

对于一个学校来说，优质的生源是学校能够长远发展的基础；对于一个企业来说，人才则是企业繁荣壮大的根本。这样的道理，谁都心知肚明。

所以，现代企业发展出股权激励制度，用以管理人才队伍。

股权激励是使员工通过获得公司股权的形式，享受一定的经济权利，能够以股东的方式参与到企业的决策过程；既能够分享企业的利润，又能够承担企业的风险，从而更加专注、尽责地为公司的发展而奋斗的一种激励办法。

随着现代企业制度的建立，公司的经营权和所有权正式分离，经营者可以利用专业知识与能力管理企业，而所有者通过监督经营者来追求利益的最大化。这种制度隔离了股东和企业的日常运营，从而促使股权激励机制应运而生。

股权激励制度起源于20世纪50年代的美国。随着公司股权的日益分散以及股权管理技术的日益提高，世界各国大大小小的公司纷纷推行了自己的股权激励计划。

已故的苹果公司创始人、大名鼎鼎的史蒂夫·乔布斯曾经被称为"一元CEO"。他的年薪仅仅为一美元，这挺不可思议的。但乔布斯拥有企业的股票期权，在他将苹果公司做大做强、变得举世瞩目的同时，他也因此成为亿万富翁。

根据美国《财富》杂志的数据,20世纪末到21世纪初,在美国排名前1000名的公司里,有90%的公司对管理人才实行了股权激励政策。根据另外一份数据显示,全球前500强的企业几乎都实行了股权激励政策。

在中国,从20世纪90年代开始,也有一批企业开始推行股权激励政策。如今,已经有上百家上市公司和成千上万的非上市公司实行了股权激励政策。

1993年,万科公司首先开始推出现代股权期权方面的预案。截至2014年,有超过170家上市公司实施股权激励方案。仅2014年,沪深两市共有35家公司推出股权激励预案,其中第四季度推出股权激励方案的上市公司占到全年的74%。

所谓股权激励,在中国也有自己的渊源。目前,大多数学者都认为晋商的身股制度即是现在的股权激励制度的雏形,它的大致内容是,东家出钱,经理出力并为东家的资本负责,东家和经理享有均等的分红权利。

为什么要实行股权激励

在中国,企业的平均寿命只有7—8岁,而民营企业的平均寿命只有2.9

岁。生存超过 5 年的不到 9%，超过 8 年的不到 3%。可以看到，国内企业的寿命是非常短的。

为什么会是这样的情况？有的人可能去找市场的原因，有的人可能去找企业的原因。对于后者来说，人们一般会想到企业的发展轨道，一开始的时候，可能企业发展得很不错，但是慢慢地，企业的发展速度变缓，上升通道被堵住了，最后失败。

失败的原因，我们可以分析一下。从老板这方面看，老板难以有效地管理公司；从员工这方面看，员工可能觉得这只是一份工作，不必太用心，或者说，员工认为公司对自己不够重视，自己缺乏施展才华的舞台，用不上心。总而言之，一般的情况是，老板用劲过头，导致力不从心，而员工则用劲不够，导致与公司"貌合神离"。

如何避免这样的情况发生呢？通常的思路就是企业老板要培养一批忠诚的员工。

每个老板都希望有一批忠诚于己的员工。不过，在今天这个流行"跳槽"的时代里，这似乎是不大可能的事情。面对这样的情况，老板往往会用两种办法培养员工的忠诚度：一种是提高工资，一种是谈理想。前者是一种"价高者得"的思想，可能得不偿失；后者是一种"省力"的办法，却又往往空无一物，成为"正确的废话"。

除此之外，很多老板还抱有一些不切实际的幻想，认为员工跟随自己是因为他具有独特的个人魅力、个人才华，事实上，这种情况极少，并且这也是不可持续的。

当然，有些公司是家族企业，管理层都是自己的人，好像没有什么忠诚的问题。但现成的就有一个极端的例子："真功夫"的潘宇海和蔡达标原来是姐夫和小舅子的关系，一起创业，有难同当。等到企业做大做强后，但是他们却因为争夺企业控制权而反目成仇。

所以，有人会悲观地说，这世界上没有绝对的忠诚。所以很多老板在想不出用什么办法培养员工的忠诚度的情况下，可能就有意无意地模糊掉这方面的问题。但是，这个问题所引发的后果实际上并没有消失。老板们还是无奈地面临着这样两种情况：大方地让自己卖力培养的员工"远走高飞"，抑或是由于薪资的问题令优秀的员工"另谋他就"。

为了避免这两种情况，我们还是得重视培养员工的忠诚度，以免让自己的公司成为为其他公司培养人才的"温室"，抑或是精英们的"踏脚石""中转站"。

而股权激励是一个恰当的办法。对于相当一部分公司而言，它应该成为解决这一问题的重要参考方案。

当然，对于很多老板而言，可能就要面临着分出股权的难题了，也可以形象地说，要"割肉"了。

企业的老板要突破这样的思想，即公司不仅仅是属于自己的。作为一个老板，切忌不能有"小农意识"，那种希望自己百分百控股，完完全全地拥有公司的治理权、决策权的思想就是"小农思想"。只有通过分享公司的治理权、决策权，才能打造员工与公司的"命运共同体"，更好地发展企业。

当然，老板除了要有付出意识，还应该认识到让出股份并不意味着减少收益。如果你认为让出股份可能导致自己的收益降低的话，那是因为你忽略了这样的情况，那就是当公司创造出更高的效益后，虽然你占的股份比以往低，但是收益却升高了。通过股权激励，员工能够更加努力和负责任地为公司工作，这将带来企业的可持续发展，这绝对是一笔富有远见的投资。谁都想把自己的公司做成百年老店，所以找到一个好的办法是很重要的。

还有些公司，特别是中小公司认为股权激励只适用于上市公司，但这种想法有失偏颇。华为公司就是一个典型的例子。当初，43岁的军转干部任正非仅仅凭着几万块钱就带了几个人开始创业,如今华为是年产值上千亿、员工将近十万人的企业,成为中国跨国企业的一面旗帜。而华为是一家没有上市的公司,创业初期,华为拿不到银行的贷款,也没有资本市场为其融资,这么多年,完全靠着实行内部股权激励,留住人才,最终发展到今天的企业规模。

股权激励的"三板斧"

股权激励有三个主要的功能。

股权激励的功能之一当然是能够促进企业长足发展。第一个层面就是建立了员工和公司的利益共同体,员工和公司的发展方向趋于一致了,那么,员工就不再需要老板监督、经常督促了,而是开始主动为公司谋福祉了。特别是那些认为自己的贡献较高、报酬较少的员工,股权激励促使他们为企业做出更多的贡献,最大化地发挥他们的潜能。

第二个层面是能够约束员工的短视行为。传统的奖励手段,一般是在完成某一个短期目标后,老板发一笔数量不低的奖金。而股权激励把员工的付出与公司的长期发展挂钩,甚至一部分收益员工可能会在离职后才得到，所以，员工不仅会关注他在短期内创造的效益，也会高瞻远瞩地看到公司未来的发展和他的密切关系，从而在短期效益和长期效益的面前能够做出恰当的选择。

第三个层面，当然是保障企业的人才队伍稳定，以及能够吸引源源不断的高端人才。前文已经说到过，在这个对人才需求十分旺盛、人才流动非常频繁的时代，公司间的竞争就集中表现在对人才的竞争上。所以，企业要保证人才队伍的稳定，就要有尊重人才的态度，不仅要表现在言语上，更要表现在行动上。海尔的张瑞敏曾经说过，中国人受儒家影响很深，非常注重家庭的价值。而报酬就是对家庭最好的支持，也是得到亲戚邻里认可的关键标准。

股权激励的功能之二是促使和平改革。怎么说呢？我们知道，当企业发展到一定规模、比较成熟的时候，会产生一部分老员工。这些老员工是企业发展的功臣，对企业有着较大的影响力，但是他们也会成为"利益集团"，最终可能成为阻碍企业进行改革的势力。他们为了保障自己的利益，可能会反对老板引进新的员工，更不用说新来的人才被安排在较高的位置上。宋太祖赵匡胤接受了宰相赵普的建议，以文治国，为了防止开国武将作乱，他把这些人召集在一起喝酒，坦白地说，他很担心武将乱国，导致他的皇位坐不牢。武将们很识相，最后赵匡胤和平地解除了武将们的兵权。我们知道还有一个典故叫"兔死狗烹"，说的是西汉时刘邦将一些建功立业的大将们悉数杀光的情形。当这些老员工阻碍企业进行改革的时候，聪明的企业家肯定会选择前者，做赵匡胤，而不是做刘邦，以免造成两败俱伤的局面。这个时候，企业让出部分股权，以报答抑或是安抚老员工，让其退出重要岗位。这样的话，老员工在得到实在的利益后，自然会顺利地交出权力，企业就能够顺利革新。

股权激励的功能之三是降低人力成本。这又怎么说呢？前面我们提到了任正非利用股权激励的办法促进华为成长壮大，所谓降低人力成本就是指的这个内容。这容易理解，公司在很小的时候，付不起很高的工资，这个时候期权就是一个很有用的激励员工的东西。现在，有很多创业公司都是用股权激励来降低人力成本的。

2014年9月25日，易趣网创始人邵亦波说："从我1999年回国创业到今天，在这十年里，很多东西都变了——海归过时了，土鳖称霸，我刚回国的时候期权这个词还不存在，到现在每个创业者、员工，甚至我父母这一辈的人都听说过。记得1999年时，我想请两个工程师，承诺他们每个人会有2%的stock option。他们问我这stock option是什么东西，我解释了半天，翻字典、查网络，把这个 stock option 翻译成股票期权。最终他们都没有来，错过了日后成为千万富翁的机会。"

他还说："员工如果拿了期权，情况就不一样了：首先，期权需要几年(一般是3~5年)Vest（授予），早走就少拿，如果是5年Vest，他两年就走，只能拿五分之二。其次，一般的期权协议规定，辞职的员工在离职后90天内需要行使期权，过期作废，这样即使是一分钱、一毛钱'美元'的期权，如果是几万股，员工也可能要拿出上万元人民币才能拿到这些普通股。在公司上市前，这些普通股是不流通的，只是一张白纸而已，所以对很多员工来讲，买不买是一个困难的决定。第三，一个重要的员工走了，对公司造成损失，同样他作为股东也要承受这些损失，这也会成为促使一个员工留在公司的原因之一，或者至少不太会离开公司到竞争对手那边去，做出对公司有害的事情。"

02
七种模式

股票期权：看涨买入

股票期权是指上市公司授予激励对象在未来一定期限内以预定确定的价格和条件购买本公司一定数量股票的权利。所谓"期权"也就是选择权的意思。

被激励的对象有权行使这一权利，但也可以放弃这一权利。但是，不能用于转让、质押或者偿还债务，这些是不被允许的。

股票期权是一种看涨期权，被激励的对象获得行权的日期为行权的授予日，自行权授予日至股票期权到期日为行权期。一般情况下，在公司股票价格上升的情况下，被激励的对象通过行权获得收益，在股票价格走低时，则可以放弃行权。所以，股票期权的核心在于行权期内公司股票的涨跌情况。

所以，股权期权的主要功能是激励经营者（一般的激励对象）创造长期的价值。它降低了经营者购买股票的风险，具有高回报的特点。

当然，股票期权也具有高风险的特点，假如公司股票下跌的话，经营者就不能获得收益。

股权期权在世界范围内是一种比较经典、使用广泛的职业经理人激励模式。但是，股权期权在我国用得并不多，原因就是我国非上市公司较多以及我国资本市场稳定性较差。

对于股票期权，人们可能会产生疑问，那就是它是否只适合上市公司。一般来说，由于非上市公司没有股票价格，所以，股权期权更适用于上市公司。但是，有的专家则认为不能以上市与否作为标准，而是要根据企业所在行业、企业的发展状态以及对人力资源的依附性等情况进行综合考虑。

举一个股票期权的案例。泸州老窖在 2010 年 1 月 22 日完成了股票期权授予登记，向董事、高管等激励对象共 143 人支付了 1344 万股。按照规定，行权价不低于 12.78 元每股，行权条件为：2011—2013 年的每一年扣除非经常性损益后净利润比上年增长不低于 12%；净资产收益率不得低于 30% 且不得低于同行业上市公司排名前 75 位，同时最近一年财务报告无否定或无法表达意见；最近 3 年合法合规，未受证监会处罚及交易所谴责。期权等待期为 2 年。行权期为等待期后 3 年内分批行权。结果，行权的第一年的行权比例是 30%，第二年也是 30%，第三年是 40%。

期股：无需本金

期股是经营者通过部分首付、分期还款而拥有企业股份的激励方式。期权作为股份投入，经营者对其具有所有权、表决权和分红权。当然，经营者要将购买期股的贷款还清后才能实际拥有期权，而且，分红的红利不能拿走，得先用来偿还期股的贷款。经营者的表决权和分红权从一开始就是有的。

从定义上看，期股对于经营者的主要功能就是解决了经营者缺乏充足资金，无法购买股票的问题。所以，它是企业所有者对企业经营者的一种激励措施。

当然，企业经营者想要获得真正的收益，那就必须把企业经营好，假如企业经营不善，则可能使自己的收益缩水或者亏损。

对于企业经营者来说，任期未满而主动要求离开，或者任期内未能达到期股协议规定的考核指标水平，均属违约。

期股是一种带有中国特色的股权激励办法。早在 2006 年之前，一批北京和上海的国有上市公司就采用了期股的激励办法。期股实际上是股票期权在我国的变形，所以，期股又叫"北京模式"和"上海模式"。一般认为，期股更适用于非上市的民营和国有企业。

举一个例子。某家公司，实力较强，企业发展蒸蒸日上。于是，这家公司对15名企业内部高管进行期股奖励。奖励的方案是这15个人拿出200万投入公司做实股。职位越高的人出资的额度越高，总经理出资20万。那么，总经理共获得80万元的期股。其他人也得到出资额的3倍的期股。总经理出资的20万元是他拥有的实股，而额外的80万元则是他得到的期股，将得到每年的分红。分红的红利先是用来偿还这80万期股，以把期股转化为实股，转化期要3年。如果整个企业的年净资产收益率达到33.3%，那么，总经理就能从期股中受益26.7万元的红利。那么，三年一过，总经理的实股就能达到100万股。但是，如果第一年企业的收益率没那么高，没有26.7万的红利，总经理就要拿出自己的20万实股来补充。如果收益大于26.7万元，多出的钱可以转入第二年计算，总之，"少补多转"。目标就是3年后，这80万期股顺利转化为实股。除此之外，再经过2年的审计，如果确定该总经理在3年任期内没有重大决策失误和弄虚作假等违法行为，最后他就会得到100万的实股，他就可以自由支配这100万股票了。

虚拟股票：共赢模式

虚拟股票是指公司授予激励对象一种"虚拟"的股。虚拟股票并非是真的公司股票，而是公司用专项资金内部虚构的一部分股票，所以仅仅是在账面上，采用的是内部结算的办法。激励的对象可以享受一定数量的分红权和股价升值收益，没有所有权和表决权，当然也不能出售和转让，激励对象在离开公司后，虚拟股票自动失效。如果遇到公司被并购或上市，虚拟股票可以按一定的对价方案转化为股票或者现金补偿。

在虚拟股票持有者实现公司定下的目标后，公司支付给持有人收益的时候，既可以支付现金或等值的股票，也可以两者结合在一起。所以，企业需要一定数量的现金支出，对现金流有一定要求。

虚拟股票比起其他类型的股权激励来说，丝毫不影响公司的股权结构。对于员工来说，虚拟股票不需要自己出资购买。

虚拟股票用的是专项资金。专项资金是由年度净利润按一定比例而得出的，虚拟股价的每股现金价值就是专项资金除以参与分红的虚拟股票总数。个人获得的分红就等于所持股数乘以股价。

在运用虚拟股票上，华为是典型案例。华为自1990年开始实行员工持股计划，2001年实施虚拟股票激励，此后的十年间，华为的虚拟股票激励从未间断。2010年，华为虚拟股票总规模达到98.61亿股，华为内部超过6万人持有虚拟股票，每股分红2.98元，收益率超过50%。

业绩股票：以业绩为准

业绩股票是股权激励的典型方式，是指公司用普通股票作为长期激励性报酬支付给激励对象，如果激励对象在年末的时候达到了事先规定的业绩指标，那么，公司就会授予一定数量的股票，或者提取一部分奖励基金为其购买公司的股票，这对公司的现金流也有要求。

但是激励对象不能将其马上变现，对于有些员工，会被要求只能在离职的半年到一年后才能出售，有的员工则被设置3年的禁售期。除此之外，业绩股票还要经公司长达数年的业绩考核确定无误后，才能授予激励对象，且按一定比例。所以，业绩股票有着时间和数量的限制。

如果业绩考核没有通过或名不副实，或者出现了一些非正常离任以及损害公司利益的情况，激励对象的业绩股票可能就会取消。有的公司还会设置风险抵押金，达不到业绩指标的激励对象不仅得不到业绩股票，而且还将面临处罚。

业绩股票对激励对象有着严格业绩指标的约束,激励对象在提高业绩的同时,能够对公司股价产生正面影响,从而形成股东和激励对象的共赢模式。所以,业绩股票的模式容易被股东们接受。

在我国,业绩股票是应用最为广泛的一种股权激励方式。

举个例子,天大天财是地处天津的一家从事计算机应用服务业的企业。公司在1999年年度股东大会上通过了股权激励计划,决定从每年的税后利润中提取8%作为激励基金,以激励公司在技术、业务、管理方面的骨干和优秀员工。公司在1999年和2000年实现业绩目标的前提下兑现了业绩股票计划,分别从当期的税后利润中提取了相应的激励基金,并按计划予以分配。

限制性股票:打折的股票

限制性股票是指上市公司按照预先确定的条件授予激励对象一定数量的公司股票,当然,激励对象需要在工作年限或业绩目标上满足股权激励计划所规定的条件,否则就不能随意处置股票。而且,公司有权将这些公司股票收回或者以激励对象购买时的价格回购。

根据我国《上市公司股权激励管理办法（试行）》的规定，限制性股票自授予日起，禁售期不得少于1年。

限制性股票激励模式具体分为两种，分别为折扣型股型和业绩奖励型两种。

在折扣型股型模式中，激励对象需要支付现金购买公司股票，而购买价格是低于二级市场的价格，数量由公司决定。

在业绩奖励型模式中，公司用现金从二级市场购买公司股票分配给激励对象。

限制性股票是我国证监会在2006年推荐的两种主要股权激励模式，更适合较为成熟稳定的企业。对于激励对象，尤其是那些无偿获得股票的经营者，限制性股票规避了股票大幅波动时的风险，即使股价下跌也能够得到一部分收益，是目前上市公司使用最多的股权激励模式。

自2014年10月以来，隆基股份、烽火通信、南方食品、光迅科技等多家公司纷纷推出限制性股票激励计划。韬睿惠悦的调研显示：在A股实施了股权激励的上市公司中，2011年以前约七成公司选择单一股票期权作为股权激励工具，之后日趋减少；2013年，限制性股票使用率超过股票期权，达到42%。

股票增值权：市场请客

股票增值权是公司授予激励对象的一种权利。激励对象是不能得到实股的，仅仅是通过模拟股票认股权的方式获得股票增值权，如果公司股价上升，激励对象可以通过行权获得相应数量的股价升值收益。当然，如果公司授予的股票增值权的股价价格低于授予日净资产值时，激励对象就会失去受益资格，也就没有了奖励。

股票增值权是通过"市场请客，公司埋单"的方式使公司与激励对象的利益趋于一致，可以约束激励对象的短视行为。

在我国，直接应用股票增值权的企业并不是很多，但企业通常会使用股票增值权的衍生工具——账面价值增值权。

与股票增值权相比，账面价值增值权以每股净资产值增值部分奖励激励对象，而股票增值权是拿股票增值部分奖励激励对象。

账面价值增值权具体分为购买型和虚拟型两种。

1. 购买型是指激励对象在期初按每股净资产值实际购买一定数量的公司股份，在期末再按每股净资产期末值回售给公司。

2. 虚拟型是一种模拟认股权方式，指激励对象在期初不需支出资金，公司授予激励对象一定数量的名义股份，在期末根据公司每股净资产的增量和名义股份的数量来计算激励对象的收益，并据此向激励对象支付现金。

关于账面价值增值权，这里有一个案例，江苏中盈在 2012 年实施了账面价值型虚拟股价激励方案。公司从 2012 年开始，每年就拨出一定比例的税后利润在企业内部成立基金作为股权激励的专项资金。账面价值增值权的虚拟股权的授予总额确定为公司注册资本额的 10%，即 100 万股。价格是按照 2012 年的每股净资产确定行权价格，经计算，每股净资产为 2 元，行权价格则确定为 2 元。行权时间为 3 年，自 2012 年到 2014 年，激励对象的每年行权比例分别是 3:3:4。

优先股：特权股权

优先股相对于普通的股票而言，是一种介于普通股票和债券之间的混合证券。它的优点是在利润分配以及剩余财产分配的权利方面，优先普通股票。

优先股有固定的股息，不受公司业绩好坏影响，并可以先于普通股股东领取股息。当公司破产进行财产清算时，优先股股东对公司剩余财产有先于普通股股东的要求权。

不过，优先股股东没有选举权及被选举权，一般来说对公司的经营没有参与权，而且优先股股东不能退股，其股份只能通过优先股的赎回条款被公司赎回，且为能稳定分红的股份。

目前，我国市场上发行优先股的主要是银行、电力等行业的企业。这些行业的企业通常规模较大，如果再有融资的情形，则会对二级市场造成压力，发行优先股就能减轻股权融资压力。

浦发银行是首家披露优先股发行预案的上市银行。2015年，浦发银行首次发行优先股。据统计，优先股总数不超过3亿股，发行募集资金总额不超过300亿元人民币。

在支付股息率方面，浦发银行选择了固定与不固定结合的方式：采用分阶段调整的票面股息率，即在一个股息率调整期内以约定的固定股息率支付股息。在重定价日，将确定未来新的一个股息率调整期内的股息率水平。

此外，浦发银行设定了两项强制转股条款：第一，当公司核心一级资本充足率降至5.125%(或以下)时，由公司董事会决定，发行的优先股应按照强制转股价格全额或部分转为公司A股普通股，并使公司的核心一级资本充足率恢复至5.125%以上。第二，当公司发生二级资本工具触发事件时，发行的优先股应按照强制转股价格全额转为公司A股普通股。

为了满足其他一级资本工具合格标准的监管要求,浦发银行有权全部或部分取消优先股股息的宣派和支付,且不构成违约事件。同时,在行使上述权力时浦发银行保证将充分考虑优先股股东的权益,且在确保完全派发约定的当年优先股股息前,将不向普通股股东分配利润。

03 九个步骤

定目标：有的放矢

大部分员工和企业老板都认为进行股权激励是为了上市，因为公司要上市，前提必须是股份公司，也就是说公司上市之前要进行股改。但是，我们不能把上市作为股权激励的目的，股权激励的重点在于实现员工与公司的共赢，而不是因为上市才迫不得已进行股权激励的。

如果把握不好这一点，公司很可能会变成这样的情况，即上市之后，员工们就不知所措，没有奋斗目标了，所有人都等着分享企业上市带来的成果，最后坐吃山空。所以，明确股权激励的目的是很重要的。

股权激励本质上是企业所有者对经营者的一项长期的激励制度。在这样的制度安排下，企业所有者让出一部分股权，利用股权的潜在收益激励经营者，以促进企业的持续发展。

所以，股权激励重在激励。激励不等于奖励，有的老板可能看了关于股权激励的书或者看到其他的公司搞股权激励，就一狠心、一跺脚，要把企业的股份分出去。可以试想一下，如果分得不公平，或是对一些人来说起到的是反作用，那真是满盘皆输，所以，盲目地进行股权激励也是极其错误的。

那么，在制定股权激励方案之前，我们首先要设定公司以及各级部门的目标。我们知道，股权激励的功能是提高公司业绩、激励员工干劲、降低短期内的用人成本，以及留住骨干员工。

除此之外，我们需要更加具体的目标，比如提高多少业绩，这是需要有事先的规划的。又比如股权激励后，员工在工作效率和工作态度上能够有什么样的进步。这些都是需要具体到某一个细节、某一个人身上的。

举个例子，假如公司的目标是5年后企业要实现5亿元的销售额，为了实现这个目标，公司准备实施股权激励政策。那么，首先要做的就是对公司的各个部门先有一个评估，评估直接关系到每个部门应该拿到多大份额的股份，以及具体到各个部门的激励对象。那么，5年过后，如果目标顺利实现，工作上保质保量完成的员工就可以拿到股份，而没有完成的员工则不能拿到股份或应归还股份。

总而言之，进行股权激励的第一步是定目标，不仅定大目标，而且定小目标；不仅要宏观把握，更要微观掌控。走稳第一步，为后续规划打下坚实的基础。

定时间：全面掌控

定时间可以分为两个方面，一方面是选择合适的股权授予的时机，另一方面是规划一个合理的授予时间表。

第一个方面指的是选择什么时机进行股权激励，这与不同性质、不同规模、不同发展阶段的企业有关系，不同情况，不同分析，不同运用。比如非上市公司和上市公司有差别，小公司和大公司又不一样，初创型公司和成熟的公司也不一样。选择一个适当的时机出手，如同把握商业机会，对企业影响很大。

第二个方面是规划合理的时间表，这需要更专业的设计，既要达到企业长期激励的目的，又不会使员工感觉股权激励不够给力，离自己较远。一个合理的时间表能够达到循循善诱的效果，从而真正实现企业和员工的双赢。

一般而言,股权激励计划会涉及以下时间概念:股权激励计划的有效期、授权日、等待期、解锁期、行权日、行权窗口期和禁售期。

我们依次来简单地解释一下。

股权激励计划的有效期是指获授人可以行使股权所授予的权利的期限,超过这一期限就不再享有这种特权。按法律规定,有效期不能超过十年。一般上市公司为1—3年。一般的非上市公司通常设置在3—8年。

授权日又称授予日,即公司向激励对象授予股权激励的日期,时间就从这个日子算起。

等待期是指激励对象获得股权之后,需要等待一段时间,达到一系列事前约定的约束条件,才能实际获得股份。等待期还分为一次性等待期、分次等待期、业绩等待期三种类型。

行权期是指等待期满次日起至股权有效期满之日止这一时间段。

行权窗口期是由证券监管部门规定的行权期。

禁售期又称强制持有期。为了防止企业员工为了短期获益而损害公司利益,公司会按国家相关法律的指导,设立禁售时间段,在这期间,激励对象所持有的股份不能转让和出售。

定对象：精确激励

定对象，这一点容易理解，即什么人可以应该给予股权激励。在激励计划中，激励对象通常由公司董事会决定。一般来说，激励的对象主要是公司董事、骨干高管、骨干技术人员等。当然，不少公司也把股权激励对象扩大至许多普通的员工。

除此之外，公司内部还需要一些战略性的股权激励，比如调离老员工、补充新血液的时候，对老员工需要一定的股权激励，否则这个过程可能不会很顺利。又比如对一些极有才华的普通员工，应该把股权激励作为一种投资，以体现公司求才若渴和尊重人才的态度。

再就是对公司外部的人进行股权激励了，这是比较特殊的情况，即对与企业相关的上下游企业的高管和老板进行股权激励，这对于公司的经营是有利的。

定模式：灵活运用

定模式，之前已经提到过了，即股票期权、期股、虚拟股票等七种模式。

当然，对于如何运用这七种模式，则有一些窍门。事实上，国内众多企业多采用组合模式。

2011年5月19日，随着股价的不断下挫，爱施德选择了"股票期权激励＋限制性股票激励"的组合方案，推出权益总计2483.21万份的激励计划。

按照方案，爱施德的股权激励将分三个行权期，其中第一个行权期的行权条件为2011—2012年归属于上市公司股东的净利润均不得低于授予日前最近三个会计年度的平均水平且不得为负；2012年净资产收益率不低于12%；另外2012年年度净利润较2010年复合增长率不低于10%；营业收入复合增长率不低于15%。

与第一个行权期要求类似的是，在随后的两个行权期内，要求爱施德2013年和2014年净资产收益率均不低于12%，且净利润较2010年净利润复合增长率均不低于10%，营业收入复合增长率不低于15%。

爱施德通过打"股权激励组合拳"有效地化解了股价下挫的尴尬。

定条件：明确义务

所谓定条件，很容易理解，即激励对象只有在某一条件的限制下，或者完成什么条件的情况下才能得到相应股权，否则就不能得到。没有一定的约束条件，股权激励就变成了股权奖励，股权激励一般是为了某一较长远目标而设置的，这是两码事情。

股权激励的约束条件分为两个方面：一方面是股权激励计划的授予条件；另一方面是股权激励计划的行权条件。

授予条件指的是激励对象获授股权时必须达到或满足的条件，比如绩效目标、行为表现等。

对于上市公司而言，有两个主要的条件：一是财务审计结果是否合格；二是是否被交易所或中国证监会公开批评或行政处罚。

除此之外，公司还可以将员工的学历、工作年限、岗位级别等方面作为授权条件。

授予方式主要分为一次性授予和分期性授予。

再说到股权的行权条件。行权条件是指激励对象对已获得的股权行权时必须达到或满足的条件，通常是业绩考核。比如某个时候的股权激励方案中规定激励对象行权条件包括：激励对象行权的前一年年度绩效考核为良好以上；本年度公司净利润同比增长15%；激励对象行权的前一年度，扣除非经常性损益后的加权平均净资产收益率不低于10%。

行权方式又分为几种。第一种是现金行权方式，这是最为常见的行权方式，员工用现金支付行权价格，并持有购入的股票。第二种是股票互换行权，是使用已经拥有的公司股权作为支付手段，来购买期权股票，这是一种比较复杂的行权方式。

第三种是经纪人当日出售。是指员工在行权后立即出售股票，从而兑现资本收益，这也是比较常见的行权方式。

第四种是公司帮助员工融通行权所需资金的方式。公司允许员工使用本票或向银行借款来筹集行权所需的资金，借款金额不仅包括行权价格，还包括相关税费。

如果激励对象达不到行权条件，则不必进行股权激励。但是一般情况下，公司是不愿意给激励对象造成损失的，所以会有一定的补偿措施，以安抚激励对象。

定来源：量入为出

定来源指的是确定激励的股票的来源和购买股票的资金的来源。来源问题直接影响到原有股东的权益、控制权、公司现金流。对于激励对象来说，购买股票的资金来源也是一个非常现实的问题。某种程度上来说，股票来源问题与股票激励计划是否能够成功密切相关。

上市公司股权激励的股票来源主要有定向增发、回购股票、股东转让、留存股票四种。在做决定之前，需要注意：可行性和持续性。

定向增发股票是指上市公司向证监会申请一定数量的定向发布的股票额度，以满足激励对象来行权的需要。

回购股票指的是公司直接从股票二级市场购回股权激励所需数量的股票。

股东转让则是由大股东向激励对象让渡股权性权益，这是一种常见的方式。

留存股票是指上市公司在发行股票之初，就预先保留了一定数量的股票以备未来多种需要，这部分股票即形成留存股票，可以作为将来实施股权激励计划所需股票的主要来源。

对于非上市公司而言，除了不能回购股票之外，其他三种方式和上市公司的股票来源较类似。

那么激励对象的购股资金的一般来源是什么样的呢？

激励对象可以通过自筹资金、公司贷款、工资或奖金扣除、公司专项的激励基金、行权方式、信托方式获得购股资金。

需要注意的是，大多数公司采取"做减法"的方式进行股权激励计划。如果公司有 100% 的股票，给了一个激励对象 5%，后来这个激励对象从公司辞职，那么属于公司的股票就剩 95% 了。如此接二连三的，公司的股份迟早分完。

有的公司就用了加法。就是先把原有的激励股份虚拟成 100 股，如果给出了 5 股，那么就在 100 股的基础上增加 5 股，总股数变成 105 股。这样做有一个优点，即当公司越来越多的人获得股份时，原股东的利益就会被稀释，所以这个办法可以令激励对象持续努力，或者不跳槽。

定数量：科学定量

定数量，顾名思义是指确定股权激励的数量。其中包含股权激励的总量和单个激励对象所获得的股权激励数量。如果是分阶段的股权激励计划，还需要根据公司战略和业务规划确定公司需留存的股权激励数量。

那么，如何确定股权激励的总量呢？有几个需要考量的因素。

比如法律。法律对于上市公司股权激励的总量上限是有规定的。再比如公司的薪酬规划，薪资福利较好的公司较其他薪酬福利水平较差的公司而言，股权激励的总量就不大。还要考虑到企业的控制权问题，不能因为股权激励而失去公司的控制权。当然，股权激励总量还会因企业的规模、现状以及企业所设定的业绩目标等因素上下浮动。

确定股权激励总量主要可以分为三种方式：第一种是将留存的最高额度作为股权激励总量；第二种是以员工总薪资水平为基数确定股权激励总量；第三种是基于企业业绩来确定股权激励总量。

除了确定股权激励的总量，还要确定股权激励的个量，主要有三种方法：第一种是直接判断法；第二种是期望收入法；第三种是分配系数法。

第一种简单粗暴，较为主观；第二种则预先设定了激励对象的股权激励收入；第三种是建立科学的评价模式，根据员工对企业的贡献和价值进行股权分配。

定价格：科学定价

所谓价格是行权价格，指激励对象在未来行权时购买股票的价格。对于上市公司员工而言，行权价格和股票市场价格的差价是其获利的关键，所以，行权价格十分关键。

对上市公司的股权激励行权价格有明确的法律规定，有多种算法。行权价格的确定主要有等现值法、现值有利法、现值不利法、可变行权价格法四种方法。

前三种容易理解，现值的意思是当前股票价格。可变行权价格法指行权价格可变。它是为了杜绝行权价格与股票价格出现过分悬殊的现象，具体方法是增加参数，依据每个人的业绩考核等变量因人而异地提供一个相对合理的行权价格，以保障公平性。

非上市公司的行权价格由于缺乏股票市场的参考，需要公司合理地设定行权价格。我国常见的方法是以注册资本金为标准、以评估的净资产的价格为标准，以注册资本金或者净资产为基础进行一定的折扣，以上市公司股价作为参考。

如果股票市场出现大的波动，尤其股票跌破行权价格的时候，公司一般会给予其他形式的补偿，或者重新确定激励计划或行权价格，所以员工的利益是有一定保障的。

定规则：做最坏打算

最后是定规则，定规则主要是为了确定股东的退出机制。所谓进退无忧，这是我们最后要考虑的事情。

对于非上市公司而言，第一个问题是股权转让。按公司法规定，股东之间是可以相互转让全部或部分股份的。股份不仅仅可以在公司内部转让，也可以向外部转让。但是，当向外部转让的时候，需要通过书面通知内部相关人员，否则就是无效的。

第二个问题是股东退股。什么情况下可以退股呢？有几种情形：一是公司连续五年不向股东分配利润，这时候股东可以向法院提起诉讼，要求退股，而公司必须以合理的价格回购股份。二是公司合并、分理、转让主要财产的时候，股东可以退股。三是公司章程规定的营业期限届满或者章程规定的其他解散事由出现。

第三个问题是股东离开。股东离开的时候，作为注册股东，还是享有股东的权益。但是有几种情况是不被允许的，比如在竞争对手的公司工作，成立与原公司有竞争关系的公司，唆使公司员工离职，带走公司客户，违反公司保密制度和公司章程等。

第三个问题是股东死亡。如果股东突然死亡,他的股份可以有两种方式处理,一种是由股东的法定或者遗嘱继承人享受其股份收益。二是由公司回购。当然,股东生前有遗嘱,就可以按遗嘱办事。

04 五个阶段

初创阶段

企业发展有几个明显的阶段。

初创期，企业的目标就是生存。企业的年销售额比较小，所谓专业户、个体户的阶段。

在经历过原始积累的生存努力之后，很多企业都会慢慢找到属于自己的生存方式、业务模式、盈利模式、财务管理模式等，这些是公司运转的基础。在这个阶段人员也开始增长得很快。企业进入到一个快速发展的阶段，即公司化阶段。

随着企业管理基本实现规范化，企业持续稳定发展，并且建立、完善自己的培训体系，企业进入成熟期，也就是部门化阶段。

第四个阶段企业就是做大做强，转型升级，进入可持续发展的阶段了，即集团化阶段。

第五个阶段是做成了产业。此时企业已经非常成熟、稳定，即产业化、资产化阶段。

在不同的发展阶段，需要有不同的股权激励策略。

在企业发展初期，老板是企业的绝对决策者，又是企业的经营者。这时候企业处在极不稳定的阶段，随时有可能遭到致命的打击，所以需要一批能够为企业冲锋陷阵的员工。对于这批员工，必须晓之以理想，并给予足够的经济回报。当然，初创公司的资本有限，为了留住优秀人才，股权激励就成为必要而可行的办法了。

看看世界最著名的公司在初创阶段的股权分配：苹果公司，起始阶段的股权比例是乔布斯和沃兹尼亚克各占45%，韦恩占10%；谷歌公司，佩吉和布林一人占一半；脸书公司，扎克伯格占65%，萨维林占30%，莫斯科维茨占5%。

苹果电脑是沃兹尼亚克开发的，但乔布斯和沃兹尼亚克股份一样多。乔布斯是个营销天才，拥有领导力，对公司的未来充满斗志。韦恩拥有10%的股份是因为其他两人在运营公司方面完全是新手，而他有经验。

马云在创业之初有很多困难。1998年马云到硅谷寻找资金,但没人有兴趣投资阿里巴巴。幸亏蔡崇信加入了阿里巴巴,他上任后帮马云引进了首轮融资。更重要的是,他确定并落实了阿里巴巴的十八个创始人的股权激励协议,为阿里巴巴这艘商业巨轮打造了合理的股权分配基础。

起步阶段

公司经过初创阶段后,逐步走向规范化。此时,公司有了多个层级,中高层已经初具雏形。企业处于大力开发市场、扩大市场占有率的阶段,原有的管理架构难以适应发展的需要。在这一阶段,公司面临着更为复杂的市场环境,随时可能因为经营者管理不力、财务失控、成本过高等情况遭到重大损失。为了吸引和留住专业人才,企业需要对高管人员、核心技术人员和骨干员工进行较大力度的股权激励。

七彩通硅塑胶科技有限公司是珠三角一家专业生产和销售手机配件的厂家,是传统的制造业企业。这家企业从2009年正式设厂以来,已经保持了年均25%以上的营收增长速度,分公司扩展到5家,日均产能达到40万套手机配件。在全球金融危机后制造业普遍增长乏力的大环境下,能达到这样的成绩是非常不易的。

从最初以手机套等配件的批发零售为主，到2009年自己办厂，再到现在发展为5家分公司的规模，草根出身的杨秀泉花了14年。从批发到生产制造的转型并不容易，销售和制造业的思维模式迥然相异，但杨秀泉还是一步步走了过来。

他说这得益于他用对了人："因为我本人对制造业不了解，所以办厂时引入了两名股东，作为日常经营管理的具体执行人，这两名股东都是外聘的行业精英。"

通过核心人才入股初次办厂就取得成功让杨秀泉尝到了甜头，之后的扩张也沿用这一模式就显得顺理成章。为了扩大产能，他建了第二个生产厂，这是他并购而来的。他在对一家经营良好、技术过硬但苦于资金不足的工厂进行长期接触考察后，决定入股成为其大股东。入股之后，他让原来擅长技术的老板继续全权负责工厂的管理，并占有一定的"身股"。所谓身股，按杨秀泉的话来说，就是"人在，股权在；人去，股权留"，这样就留住了核心管理团队，并实现有效激励。

在成功办起制造厂后，他找准时机向产业链上游延伸，并购了两家注塑、模具公司。这两家公司的原有股东都被杨秀泉吸收进来，而负责一线管理的厂长则获得了 5~10% 的身股。杨秀泉让他们继续负责工厂的生产和管理，自己只负责制定大方向。这一模式让七彩通不仅获得了厂房设备和上下游的整合能力，更重要的是获得了在该领域的核心人才，使他的公司能平稳而迅速地扩展新业务板块。

维护稳定阶段

当企业进入稳定发展的阶段，公司出现了较多的部门，但企业治理结构还需要进一步完善。此时，企业还要集中精力开发新产品、制定公司战略计划。这一阶段，企业老板需要集中权力，确保对公司重大事件拥有决定权。如果权力过于分散，公司就容易产生矛盾。

说一个反例，引以为戒。

1994 年，蔡达标和好友潘宇海在东莞长安镇开了一间"168 蒸品店"，逐渐走向全国连锁，并于 1997 年更名为"双种子"，后来最终更名为"真功夫"。真功夫的股权结构非常简单，潘宇海占 50%，蔡达标及其妻潘敏峰（潘宇海之姐）各占 25%。

2006 年 9 月，蔡达标和潘敏峰协议离婚，潘敏峰放弃了自己 25% 的股权换得子女的抚养权，这样潘宇海与蔡达标两人的股权也由此变成了50:50。

2007年"真功夫"引入了两家风险投资基金：内资的中山联动和外资的今日资本，共注入资金3亿元，各占3%的股份。这样，融资之后，"真功夫"的股权结构变成：蔡、潘各占47%，VC各占3%，董事会共5席，构成为蔡达标、潘宇海、潘敏峰以及VC的派出董事各1名。

引入风险投资之后，"真功夫"的连锁店面越来越多了。公司要谋求上市，那么打造一个现代化管理和治理结构的企业是当务之急。蔡达标在为此努力的过程中触及了另一股东潘宇海的利益。"真功夫"在蔡达标的主持下，推行去"家族化"的内部管理改革，以职业经理人替代原来的部分家族管理人员，先后有大批老员工离去。

公司还先后从麦当劳、肯德基等餐饮企业共引进约20名中高层管理人员，占据了公司多数的要职，基本上都是由蔡达标授职授权，潘宇海的权力显然已经被架空。

双方矛盾激化。2011年4月22日，广州市公安机关证实蔡达标等人涉嫌挪用资金、职务侵占等犯罪行为，并对蔡达标等4名嫌疑人执行逮捕。

快速上升阶段

企业处于成熟期，市场已经相对稳定，公司实力也变得雄厚，可以进一步释放股份。

2003年，汽车自主研发设计领域迎来了前所未有的机遇。长期在行业内摸爬滚打、有着丰富经验的6位合伙人在现董事长陆群的牵头下，合资50万元注册成立了长城华冠，提供从产品定位到投产全过程的汽车整车设计开发和服务。

这个由研发团队白手起家创立的公司成立之初做了一个看似与创业无关的事情：分股权且实名持股。陆群持20%，创始团队其他5人各持10%。"很重要的一点是我们并没有把股权全部分完，预留出30%给后面加盟的员工。"陆群特别强调道，"我们都是技术出身，对股权激励没有特别明确的概念，只是觉得所有员工都应该是公司发展的参与者。"

凭借创业团队过硬的技术背景，长城华冠成立之后规模迅速扩大，产值不断上升，健康快速地完成了原始积累。

2008年，经过调整，持有股份的自然人股东增加到70多人，接近长城华冠总人数的三分之一。

事实证明，这是科学有效的股权激励。在2008年金融危机引发的汽车行业"寒冬"里，长城华冠的员工流失率明显低于同业平均水平，核心骨干员工没有一人离开。

2001年，海信集团开始实行股权激励试点方案，联合周厚健、于淑珉等7名自然人发起设立了海信电子，当时公司的注册资本为1.24亿元，其中海信集团持股85.79%，7名自然人持股14.21%。

从2002年到2008年，海信集团又实施了数次股权激励，激励对象全部为海信集团及旗下子公司的管理人员和骨干员工等。在此过程中，海信集团的出资额一直未变，直到2008年6月完成第三次股权激励，海信电子的股权结构已经变为：海信集团持股51.01%，81名自然人持股48.99%。

这81名自然人获得海信电子48.99%股权，前后付出了1.21亿元资金，若折算成海信电子的股价，为1.34元/股。这48.99%股权对应的上市公司市值为25.82亿元，折算成股价为28.56元/股。8年时间，海信集团81名管理人员和骨干员工的身家暴增20倍，其中还没有包括海信地产等其他资产的价值。

2014年，海信电器又抛出了股权激励方案，向72名中高层管理人员授予491万股股权，发行价格为5.72元/股。当时，这部分股权已获益近300%。

2015年7月31日,海信宣布将斥资2370万美元收购夏普美国。在2016年欧洲杯上,海信是唯一的中国广告商。截至2016年6月,海信电视的销量已达全球第三。海信的成功与它长期释放大量股份是有紧密联系的。

稳定着陆阶段

当公司进入产业化、资本化阶段,企业拥有雄厚的实力,已经是行业当之无愧的领导者。企业的各项规章制度都已经很完善了。那么,企业的股权激励应该更加追求长期效益。

在这一阶段可以视为典范的是微软公司。在对员工的奖励方面,比尔·盖茨并不吝啬。微软的薪酬激励体现在期权和股票上。作为第一家用股票奖励普通员工的企业,微软公司付给员工的工资也不高,但公司有年度奖金,以及给员工配股。

一个员工工作18个月后,可以获得认股权中25%的股票,此后每6个月可以获得其中12.5%的股票,并可在10年内的任何时间兑现全部认购权。每2年还配发新的认购权。员工还可以用不超过10%的工资以8.5折的优惠价格购买公司股票。这种报酬制度,对员工有长久的吸引力。在微软工作 5 年以上的员工，很少有离开的。

微软把薪水压得比竞争对手低，创立了一个"低工资、高股份"的典范，这使得微软公司职员的主要经济来源并非薪水，而是股票升值。这种不向员工保证提供某种固定收入或福利待遇，而是将员工的收益与其对企业的股权投资相联系的做法，使得员工个人利益同企业的效益、管理和员工自身的努力等因素紧密结合在一起，具有明显的激励功效。

这种报酬制度，造就了若干个百万富翁。早在 1994 年，这个数字就达到了 3000 人。很显然，这种极具期待价值的物质激励对员工有长久的吸引力。

职业经理人

职业经理人，是指在一个所有权、法人财产权和经营权分离的企业中承担法人财产的保值增值责任，全面负责企业经营管理，对法人财产拥有绝对经营权和管理权的职业，由企业在职业经理人市场（包括社会职业经理人市场和企业内部职业经理人市场）中聘任，而其自身以受薪、股票期权等为获得报酬主要方式的职业化企业经营管理专家。

职业经理人是人才市场中最有活力与前景的阶层。所以，对职业经理人进行股权激励是公司所有者必须慎重考虑的大事。这有利于将"职业经理人"转变成"事业经理人",从而对公司起到更大的作用。

在美国,职业经理人的奖金直接和股价挂钩,一家上市公司股价连续下跌会直接损害职业经理人的利益。所以,美国的职业经理人对股价是非常敏感的,价格越高,他的薪水越高,而他的各项股权激励也会变得越来越多。

2015年,美的集团总裁方洪波说:"2007年,美的集团拿出16个点的股权转让给管理层,第二批是3个点,这些都是在上市前。2014年年初,美的又发起了2个点的期权,加上今年的2个点,发给1431位核心骨干,这正体现了美的的合伙人文化。"事实上,美的集团的创始人何享健早几年就已经着手规划实施职业经理人股权激励制度。

2015年年初,高端制造和智能互联领域先锋企业精伦电子在实施员工持股计划的同时,全资子公司上海鲍麦克斯电子科技有限公司率先走出激励机制新模式,通过股权激励方式试水"事业合伙人模式",从而有效地激发了企业新动能。

鲍麦克斯总裁秦仓法认为,通过股权激励的方式会实现从原有的职业经理人管理模式向事业合伙人模式转型,让员工成为大股东的事业合伙人。

这既是激励也是挑战，将对公司的未来发展起到决定性作用。

在"事业合伙人模式"创新机制的推动下，鲍麦克斯积极把握行业转型机遇，不断加大创新力度，融合互联网、物联网、云技术等新技术，借助母公司精伦电子在智能互联和人机交互领域的丰富经验，推出一系列新品，为行业提供智能化伺服技术及产品。

普通员工

随着现代企业治理能力不断提高，现在针对普通员工的股权激励计划也越来越多。当然，华为一直是这方面的典范。

1990年，华为第一次提出内部融资、员工持股的概念。自1990年起，华为公司的员工开始以每股1元的价格购入公司股票，此外，华为与各地电信、行业客户成立的合资公司的员工，也享有认购资格。当时每个持股员工手中都有华为所发的股权证书，并盖有华为公司资金计划部的红色印章。

1993年，华为公司每股净资产为5.83元，1994年每股净资产为4.59元，1995年每股净资产为3.91元，但每股1元的认购价格一直延续到2001年。

在华为获取银行融资较为困难的初期，华为公司依靠这种内部融资的方式渡过了难关。1997年,华为的注册资本增加到7005万元,增量全部来自员工股份。1998年至2000年,华为的内部股激励机制一度让华为的业绩急速飚升。2011年,华为11万员工中有6.5万人持股。

2015年,华为公司99%股票由8万名员工持有,员工通过"工会"持股,股价每年不同,员工依据所持股票数量每年分红。

华为的普通员工的股权激励政策直接影响了华为的发展,使得华为成就了今天的伟业。

05

风险管控

股权稀释，保证权力

关于股权激励，老板们往往会担心股权稀释多了，就会失去对公司的控制权。

一般来说，拥有公司 67% 的股份，就有完全控制权，能够控制公司的重要决议，譬如修改公司章程、控制股权分配等。

拥有公司 51% 的股份就叫大股东，意味着拥有 50% 以上的投票权，也叫做绝对控股股东，可以做出普通决议，例如决定投资计划、更换董事等。

拥有公司 34% 的股份，拥有对重大事项的否决权。随着公司股权的分散化，持股未达到半数以上，但持股比例依然是最大的，那么这种相对控股股东也能有效地控制公司董事会及公司的经营行为。现在我们所说的大股东大多都是相对控股股东。

回忆一下从 2015 年到 2016 年一直备受关注的"宝万之争"。

万科上市前，王石拥有公司 40% 的股权。1989 年万科上市时，王石放弃了万科的原始股份，从而放弃了成为万科老板的机会，成为一个职业经理人。

2011 年 4 月，万科第一次临时股东大会，万科 A 股股票期权激励计划以 99.9% 的赞成率通过，当时拟向 838 名激励对象授予总量 11000 万份的股票期权，占万科总股本的 1.0004%。

等到期权正式登记之时，810 名激励对象被授予了 10843.5 万份期权，仅占万科总股本的 0.9862%，810 名激励对象占万科彼时在册员工总数的 3.88%，其中以万科董事长王石、总裁郁亮为代表的高管团队占期权总份额的 33.82%。

其中，在以王石、郁亮为代表的 14 名高管团队中，王石股票期权为 660 万份，郁亮为 550 万份，刘爱明、丁长峰、解冻、肖莉等其他 12 名高管的股票期权介于 160 万—220 万份之间。根据万科 2015 年年报显示，目前王石持有万科 A 股约 571 万股，郁亮持有万科 547.9 万股，基本符合期权的实施结果。

尽管期权计划的行权条件已被一一满足，但从当初的设计来看，已决定了现在王石、郁亮等管理层的持股数不到总股本 1% 的局面，这也直接导致今天的困局——万科管理层在面对资本"入侵"时，失去话语权。

从 2015 年 1 月开始，宝能系旗下前海人寿及一致行动人钜盛华开始买入万科股份，至 15 年 12 月 31 日，宝能系共持有万科约 26.81 亿股，占比 24.26%，成为第一大股东。

随后，王石在一份声明中表示不欢迎宝能系，他认为宝能的信用不够，会毁掉万科最值钱的东西，而且宝能收购万科的资金来源有问题，主要来自短期债务，风险非常大。

紧接着万科宣布停牌，并开始策划资产重组，企图挤走万科第一大股东的位置。

"宝万之争"的线索非常清晰。由于王石对于股权的不重视，最后导致了宝能随时有可能改变万科现状的困局。

所以，公司在各个发展阶段都要涉及对控制权的设计以及对股权的安排和设计。

在企业的初创期，股权激励的释放比例最好小于三分之一，创始人占三分之二。企业进入发展期，股权激励的份额要小于二分之一，创始人占二分之一以上。企业进入扩张期，股权激励的份额可以克制在三分之二，创始人持股三分之一以上。等到企业成为行业巨头，治理结构十分完善的时候，企业可以释放更多的股份。

除此之外，针对股权激励对象，投票权还是要集中。

集中的方法有几种，现在采用比较多的就是平台持股的方式，成立一个合伙企业作为持股平台，创始人或老板做 GP，投票权集中于创始人或老板。

另外一种方式就是签署一致行动人协议，把投票权转给老板，或者本身股权激励的标的就是虚拟股份，不是实股，也不涉及投票权旁落的问题。现在华为所采用的就是这种虚拟股份，只参与分红，不投票。

考核错位，维护公平

由于企业的未来发展存在很多不确定的因素。对于上市公司而言，股价的波动较大，由此产生的收益一般较大，此时对于激励对象的绩效等考核就需要保证公平，既不能令激励对象损失，也不能令公司蒙受损失，更不能让其他激励对象感到不公。

对于非上市公司而言，情况也是类似的。假如公司事先承诺的股权激励计划无法得到切实的兑现，就会挫伤员工的积极性。

在维护股权激励计划的公平公正性的问题上，公司一定要站在最前面。

2007 年 6 月，富安娜制定《限制性股票激励计划》，以定向增发方式向激励对象发行 700 万股限制性股票，用于激励公司及下属控股子公司董事、监事、高级管理人员及主要业务骨干，希望借此吸引和留住优秀人才。

2008年3月，为了配合IPO进程，富安娜终止上述计划，并将所有限制性股票转换为无限制性的普通股。与此同时，与持有原始股的余松恩、周西川、陈瑾、吴滔、曹琳等人协商签署了《承诺函》，在《承诺函》中双方约定：持有原始股的员工"自承诺函签署日至公司上市之日起三年内，不以书面的形式向公司提出辞职、不连续旷工超过七日、不发生侵占公司资产并导致公司利益受损的行为，若违反上述承诺，自愿承担对公司的违约责任并向公司支付违约金"。

然而，2008年7月起至2009年9月期间，余松恩、周西川等部分非创业股东先后向富安娜提出辞职申请，并跳槽至富安娜主要竞争对手之一的水星家纺。

在企业规范运作、业绩持续增长的情况下，2009年12月30日，富安娜成功登陆中小板，造就了一大批百万富翁，享受股权激励制度并留下来的员工，也收获了自己的财富。

当年富安娜推行股权激励计划是为了吸引人才并留住人才，让人才用自己的聪明才智为公司的长远发展做出贡献，但有些高管拿到股票就跳槽，甚至就职于竞争对手公司，公司股权激励显然已经失去了意义。富安娜如果坐视不理，就是对公司其他员工的不公平。

于是，2012年12月26日，富安娜对余松恩、周西川、陈瑾、吴滔、曹琳等自然人股东就《承诺函》违约金纠纷一事向南山法院提起了民事诉讼，要求判令各被告分别赔偿违约金累计达 8121.67 万元，该违约金堪称 A 股"史上最贵违约金"，被媒体和社会高度关注。

2015 年 1 月 19 日晚，持续两年有余的富安娜天价股权激励索赔系列案"落槌"，在这宗堪称 A 股"史上最贵"的股权激励索赔系列案中，作为原告的上市公司富安娜大获全胜。

利欲熏心，加强监管

在股权激励中，也可能出现极端的事件。安然事件就是一个非常恶劣的典型。

2005 年 5 月 25 日，美国休斯敦地区联邦法院宣判安然公司前董事长和首席执行官犯有欺诈、共谋等 7 宗罪。轰动全球的安然事件终于划上句号。

安然公司原是世界上最大的综合性天然气和电力公司之一，在北美地区是头号天然气和电力批发销售商。在 2000 年《财富》世界 500 强排名中，安然公司位居第 16 位。

这样一家大规模的公司的失败原因必定有很多，但是，安然的失败是从以股价为业绩的股票期权激励开始的。到底是怎么一回事呢？

1986年前，美国的能源市场处于美国联邦能源监管委员会的严格管制下，安然公司在自己的控制区域进行垄断定价，但政府限制了其股东回报。尽管它的负债率较高，然而盈利稳定，不会稀释股东权益。

但是，到1986年后，政府放开了价格管制，这加剧了美国能源市场的竞争。安然的垄断优势不再持续，安然的债券被降为"垃圾债券"。

在这样的情况下，股东对安然的管理层进行了以市价为基础的股权期权激励，以鼓励安然管理层。

安然管理层的报酬一半是股票期权，但是非立即执行的，另一半是具有随新业绩提高而加速授权特征的限制性股票期权。

所以，安然高管非常渴望找到新的增长点。1997年后，安然高管层开始不走正道，他们利欲熏心，铤而走险，企图用关联企业的关联交易，并尽量创新使用衍生工具等复杂的财务手段来获取利益。

2001年后，安然公司丑闻频频。2003年，安然公司破产。

除了安然事件，为维持高股价，美国世界通信公司的会计竟然造假，造假数额达到71亿美元。这些都是公司内部集体造假以套取股权收益的例子。

上海荣正投资咨询董事长郑培敏曾经说过，在不完善的监督机制下，很难排除管理层通过做假账来换取激励的可能。如果经营者的造假成本远低于通过正当渠道提高业绩的代价，经营者就会选择会计造假、转移利润、虚报业绩，理直气壮地拿到激励，然后等时机成熟及时套现获利。

因此，加强监管是极其必要的。

原则和难点

任何事情都有两面性，股权激励也一样。重要的是，我们既要认识到它的优点，也要认识到它的缺点，既不要看到利益就一哄而上，也不要看到危险就打退堂鼓。

关于股权激励的好的或坏的现象有很多，单纯从现象中看出问题以及解决问题，往往会导致"马后炮"的困境，使我们总是跟不上时代。事实上，现象风云复杂，但本质是不变的。

执行股权激励计划有六个基本原则，把握这六个原则，就能把握住大方向，不犯重大的失误。

第一个原则是明确公司股权的未来价值。在进行股权激励的时候，可以提供给激励对象一个能够测算公司股份未来价值的工具，帮助他清楚地认识到他的股票可能得到的收益。假如员工能够清楚地知道公司的未来是有前途的，那么他肯定不会离开公司。这一条原则适合留住核心员工。

第二个原则是激励额度超过员工的预期。每一个人都喜欢惊喜。对于那些对公司发展有不可替代的作用的特殊人才，一定要特别对待。

第三个原则是细化约束机制。这是针对股权激励的管理来说的，约束一定要具体，而不能是泛泛而谈。

第四个原则是杜绝"拉帮结派"的形象。一个坏人未必有很大的危害性，但是，两个坏人联合在一起，那就有很大的影响力了。

第五个原则是关键时刻要果断。要为公司的大局着想，如果公司内部出现了"蛀虫"，就一定要快速清除。

第六个原则是让员工忠于企业而不是上级。公司必须培养这种文化。当所有人都以公司和客户的利益为中心的时候，公司内部的诸多问题也就迎刃而解了。

除了原则之外，我们必须认识到实施股权激励制度时的几个难点，以方便对实施过程中遇到的困难有一定的预估能力。

对于上市公司而言，股票可以在证券市场上挂牌交易，公司股票有一个市场价格。但对于非上市公司，无法通过股票市场的价格发现功能实时地知道公司的价值。

所以，对于非上市公司而言，需要认识到实施股权激励时的六个难点。

第一个是绩效评价分歧较大。绩效评价指标是股权激励计划的基础。如何科学地评价公司具体的经营状况、每个人的工作绩效，是一个值得研究的问题。

第二个是行权价格难以确定。现如今，我国的非上市公司在具体的操作中采用的是以每股净资产值为主要参考依据，以确定行权价格价和出售价。

第三个是持股结构难以把握。持股结构如果操作不当，容易引发内耗。

第四个是行权时间和条件难以设置。非上市公司在安排行权的时间时，必须考虑周全，以免给公司带来巨大的财务压力和支付风险。

第五个是股东退出公司的机制。作为非上市公司，任何一位股东的退出或新股东的加入都需要征得其他股东的同意，所以，这是一个复杂的问题。

第六个是员工与领导之间的信任问题。由于非上市公司的财务信息并不向外公开，所以非上市公司一般会聘请外部审计机构进行审计。但是，员工始终无法知道公司的具体的经营情况。所以，必须处理好员工和领导之间的信任问题。

制度建设

进行股权激励之所以会产生各种问题，主要原因有三个。

第一个是激励的实施缺乏必要的条件和约束。一个公司进行股权激励计划的时候，需要具备相关的条件，否则股权激励就不能发挥作用。不仅如此，还要对激励对象进行必要的约束。

2002年，雪莱特董事长柴国生为了激励高管，自愿将名下占公司总股本3.8%的股份赠送给时任公司副总的李正辉，并规定李正辉自2003年1月1日起在雪莱特公司服务时间须满5年，若中途退出，以原价值除以服务年限支付股权。

2004年，柴国生再次将名下占0.7%的股权赠予李正辉，而李正辉承诺自2004年7月15日起5年内，不能以任何理由从公司主动辞职，否则将按约定向柴国生给予经济补偿。

但李正辉于2007年8月25日辞职。一个月后，柴国生以未履行相关协议及承诺为由，将李正辉告上法庭，要求其返还之前他赠予的股份。

显然，这是一个由股权激励所引发的股权纠纷案。最后，柴国生的要求因为缺乏支付款证据而被法院驳回。这就是对激励对象缺乏约束的后果。

第二个是方案设计缺乏审查和监督。2008年，中关村东方华盛科技有限公司将在中关村三板挂牌，公司CEO罗平进行了股权激励计划。它吸收了近40名员工入股，其中每股3000元。可是，公司刚刚在中关村三板挂牌，就有一些小股东以缺钱为由要求公司回购股份。根据相关规定，发起人无法立即转让股份。事后，CEO罗平只能借钱给自己的员工。毋庸置疑，罗平在设计股权激励方案时考虑不够。

第三个是股权兑现既无法规也无制度。安然事件就是一个典型的例子。

为了解决这些问题,制度建设就变得十分必要,尤其是对公司管理层,公司可以在五个方面下功夫。

第一是股东大会制度。股东大会是最高权力机构和决策机构,功能就是为了避免职业经理人损害股东利益。它表现为三个方面:通过影响董事会影响职业经理人;通过相关决议对职业经理人实施股东激励;通过外部股东介入影响经理人行为。从这三个方面入手,可以加强股东对职业经理人的限制。

第二是董事会制度。董事会制度是防范职业经理人的关键。公司的信息披露制度、独立的外部审计制度和公司外部治理结构的作用都需要依赖董事会的有效运作。

董事会的基本职责是决策和监控,具体来说,董事会的职责包括:领导、参与、审核、批准和监督战略制定与战略执行;选择、评估和激励职业经理人;确保公司财务安全;确保信息披露的真实;审核、批准、参与和监督公司扩融活动;确保公司治理结构的有效性。

董事会中有一定比例的独立董事。这些独立董事在公司担任董事,但不在公司任职,并且社会关系和经济关系与管理层、大股东没有重要关联。所以,独立董事一方面可以独立地审视公司管理决策,评估公司绩效,监督大股东的行为;另一方面,独立董事可以为董事会带去管理等方面的外部经验。

第三是信息披露制度。信息披露制度是董事会制度的辅助制度,目的是减少股东和董事会之间以及董事会和经理人之间的信息不对称。通过信息披露制度，董事会可以更有效地防止职业经理人的不作为和"乱作为"的问题。

信息披露制度首先可以帮助投资者预测公司未来价值和风险，帮助股东分析公司可能存在的隐患。通过财务报告的损益表、资产负债率、现金流量表，董事会可以确保管理公司资产的职业经理人履行相应的职责。

其次，信息披露制度还将致力于披露公司所有权和控制权的真实现状，由于不少公司存在着股权结构错综复杂、公司决策权和现金流权分离程度较高的情况，导致公司表面上的控股股东和实际控制人并不一致。

最后，信息披露制度还可以通过提高公司薪酬制度的透明度来防止董事和职业经理人领取过高的工资，从而遏制管理层的腐败现象。

第四是独立的外部审计制度。

如果说信息披露制度是为了解决信息不对称的问题，那么，外部审计制度就是为了确定信息的真实性。具体来说，外部审计包括五个重点，即财务报表的准确性；公司持续运营能力或清偿能力的判断；是否存在欺诈；公司运营是否合法；公司是否体有社会责任感。

第五是公司控制权市场。资本市场为公司投资者提供了一个纠正公司管理不善的机会，当公司业绩低迷的时候，股东就会对其产生不信任。当外部股东对公司管理层失去信心的时候，公司股价就会下跌，从而影响公司的董事会。

只有完善健全公司的制度建设,才能保证公司的股权激励计划顺利实施并得到预期效果。

第二章

股权融资

我国私募资本的现状

私募资本的运作法则

魔鬼游戏

相对论

01 我国私募资本的现状

私募资本

如今,很多企业都面临着融资难的问题。在中国经济因为转型升级而下行的当下,中小企业更是难以融资。融资难、融资贵,让中小企业很无奈。而我国银行很少会雪中送炭,他们往往等到企业融到资、项目盈利后,且有大量流动资金和储备时,才会过来锦上添花。

中小企业追着银行融资,银行追着大企业融资,这就是我国的融资现状。

国家人社部劳动科学研究所发布了2016年《中国青年创业现状报告》,也指出青年创业者们最大的障碍,主要是创业融资难。

从某种程度上来说,融资难、融资贵已成为我国经济金融运行的主要问题之一。

企业融资的渠道可以分为两类：债务性融资和权益性融资。前者包括银行贷款、发行债券和应付票据、应付账款等，后者主要指股票融资和股权融资。债务性融资构成负债，企业要按期偿还约定的本息，债权人一般不参与企业的经营决策，对资金的运用也没有决策权。权益性融资构成企业的自有资金，投资者有权参与企业的经营决策，有权获得企业的红利，但无权撤离资金。

债务性融资，主要是银行贷款。我们之前已经说过，中小企业想要取得银行贷款较为困难。所以，股票融资和股权融资就成了剩余的选择。对于上市公司而言，股票融资和股权融资则是一回事。非上市公司没有股票，所以叫股权融资。

股权融资是指企业的股东愿意让出部分企业所有权，通过企业增资的方式引进新的股东的融资方式，总股本同时增加。股权融资所获得的资金，企业无须还本付息，但新股东将与老股东同样分享企业的赢利与增长。

股权融资按融资的渠道来划分，主要有两大类，公开市场发售和私募发售。所谓公开市场发售就是通过股票市场向公众投资者发行企业的股票来募集资金，包括我们常说的企业的上市、上市企业的增发和配股都是利用公开市场进行股权融资的具体形式。

所谓私募发售，是指企业自行寻找特定的投资人，吸引其通过增资入股企业的融资方式。因为绝大多数股票市场对于申请发行股票的企业都有一定的条件要求，例如，我国对公司上市除了要求连续3年赢利之外，企业还要有5000万的资产规模，因此对大多数中小企业来说，较难达到上市发行股票的门槛，私募成为民营中小企业进行股权融资的主要方式。

私募的主要来源，是指国内国外、大大小小的私募股权投资基金（简称PE）。私募股权投资是由基金管理者与投资者之间的契约协议所形成的一种投资者所有权结构。

私募股权投资基金通常以有限合伙的形式组成，并有固定的投资年限，它所吸收的投资者大多为机构投资者，如银行、保险公司。这些投资者作为有限合伙人，将资金交付给私募股权投资基金，但不参与基金的投资运营，并以出资额为限承担有限责任。基金的运营主要是由作为普通合伙人并承担无限责任的基金经理负责。

在中国的企业发展史中，围绕着私募股权投资基金，产生了一个个经典的商业案例，值得所有企业家、创业者予以重视。那么，对于中小企业的发展来说，深入了解中国的私募股权投资基金就变得十分必要了。

广义的私募股权投资涵盖了企业首次公开发行前各阶段的权益投资，即对处于种子期、初创期、发展期、扩张期、成熟期和Pre-IPO时期的企业所进行的投资，相关资本按照投资阶段可划分为创业投资、发展资本、并购基金、夹层基金、重振资本、Pro-IPO资本，以及其他资本。

狭义的私募股权投资是指对已经形成一定规模并产生稳定现金流的成熟企业的私募股权投资部分，主要包括创业投资后期的私募股权投资部分。

中国私募资本简史

私募股权投资基金在中国的发展经历了外资一枝独秀到百花齐放的过程。

1986年，国家科委和财政部联合几家股东共同投资设立的中国创业风险投资公司，成为我国大陆第一家专营风投的股份制公司。创业的目的就是为了扶植各地高科技企业的发展。

1991年，熊晓鸽以IDG董事长亚洲业务开发助理的身份回国，准备在国内开展业务。当时同行的还有一些国际外资VC，他们的一致看法是中国的相关环境没有明显的改善。

1992年，IDG在波士顿组建了太平洋中国基金，令业界大跌眼镜，表示疑惑。第一批外资VC进入中国的时候，IDG是领头羊，随后是华登国际、汉鼎亚太、中国创业投资有限公司、美商中经会等。

从1992年到1997年，外资VC是中国市场"第一批吃螃蟹的人"，所以他们非常谨慎，一直不敢贸然行动。

IDG在这五年的投资规模非常小，投资的企业也寥寥可数。刚开始，10

万到 30 万美元的单子也会做。此后，它从熟悉的媒体行业转向了 IT 领域。这也是早期进入中国的外资共同的成长轨迹。

1995 年到 2004 年，是外资私募股权投资机构进入中国的初期阶段，以 VC 为主。

1995 年，中国通过《设立境外中国产业投资基金管理办法》，鼓励国外风险投资来华投资。此后，随着中国 IT 行业的迅猛发展，大批外资 VC 来华投资。

1999 年，国际金融公司（IFC）入股上海银行可以视为私募股权投资的雏形。

2004 年 6 月，美国著名的新桥资本以 12.53 亿元人民币从深圳市政府手中收购了深圳发展银行的 17.89% 的控股股权。这是中国大陆第一起典型的私募股权投资案例。这也是国际并购基金在中国的第一起重大投资案例，同时也借此产生了第一家被国际并购基金控制的中国商业银行。

此后，中国私募股权投资市场趋于活跃。

2000 年，新加坡科学科技管理局的 TIF 公司和上海创业投资公司成立了第一只以美元为主的合资基金，即上海华盈创业投资基金。

2002 年，中外合资的数量和规模出现历史新高，共有 13 家合资私募股权投资基金成立。

2004 年，美国华平投资集团等机构联手收购哈药集团 55% 股权，创下第一宗国际并购基金收购大型国企的案例。

2005年，私募股权投资领域一片欣欣向荣，不断出现重大的投资案例，其特点一般是国际著名私募股权投资机构和国内金融巨头联姻，规模非常之大。同时，国内大型企业频频在海外进行并购活动，如联想并购IBM的PC部门，这些并购也有私募股权投资的参与。以2005年为分水岭，狭义私募股权投资基金成为中国资本市场的主流。

2006年，渤海产业投资基金在天津挂牌，它是在《产业投资基金管理办法》等相关法律法规尚未出台的特殊前提下产生的一只特批基金。此后，国家又批准筹建了广东核电新能源基金、上海金融产业基金、山西能源基金等投资基金。此时，保险资金也开始加入私募股权投资领域。

2007年，中国私募股权投资发展史上产生了第三次合资浪潮。2007年，国家通过《信托公司管理办法》。

2007年，以投资同洲电子闻名的深圳达晨创投和湖南财经信托发起了一个产业基金信托计划。

2007年6月1日，新修订的《中华人民共和国合伙企业法》生效。

6月末，深圳市南海成长创业投资有限合伙企业正式开始运作，成为国内首家有限合伙制创投机构，首期募集的1.62亿元全部来自民间，50%以上的资金将重点投资深圳市"创新型企业成长路线图计划"中的拟上市公司。

7月2日，朱雀投资发展中心成为上海第一家合伙制私募机构。

9月29日，中国投资有限责任公司正式成立，使私募股权投资被提高到一个新地位。

2008年，金融危机来了。外国资本开始萎缩，而中国本土私募股权投资机构在危机中得到发展。

2008年，全国社保基金获批投资市场化私募股权投资基金。

2008年12月3日，国务院常务会议公布的《金融促进经济发展的九条政策措施》中，首次提出了发展"股权投资基金、拓宽企业融资渠道"，随后公布的《国务院办公厅关于当前金融促进经济发展的若干意见》明确提出要制定股权投资管理办法，适时推出创业板，拓宽企业融资渠道和民间投资领域，落实和完善促进企业发展的税收优惠政策。随着一系列政策的推出，本土私募股权投资机构得到了快速的发展。

据统计，2008年共有51只可投资中国大陆的私募股权投资基金成功募集到611.54亿美元，比2007年高出71.9%，其中以美元募集的基金有30家，以人民币募集的基金有20只。

2009年，由于金融危机的波及，新募基金个数和募集金额都大幅度下挫。国务院颁布了《首次公开发行股票并在创业板上市管理办法暂行条例》，从此，外资及合资、民办、官办三方投资形成了三分天下的局面。

外国私募资本

那么，对于创业者和企业家而言，我们不禁要问，谁是我们需要的私募股权投资基金？毋庸置疑，高盛一直是最显眼的私募股权投资基金。高盛是世界上最大的私募股权投资公司。

高盛集团有限公司是世界领先的投资银行、证券和投资管理公司，为企业、金融机构、政府、高净值个人等各领域的众多客户提供一系列金融服务。公司成立于1869年，总部设在纽约，在世界主要的金融中心均设有分支机构。

高盛的私募股权投资团队在中国一直是以"赢家"的形象出现的，它也是中国众多私募股权投资巨头们的一个缩影。

1992年到2011年，高盛在中国投资70多个项目，获利超百倍。2001年到2011年的10年间，高盛在全球盈利100亿美元，每年10亿美元。

1994年，高盛投资中国平安，持股13年，收获颇丰；2005年，投资中国工商银行，9个月后，工商银行公开上市，成为当时全球最大的首次公开募股交易，工商银行上市后，高盛获利9.49亿美元的利润，并在接下来的4年中共获得35亿美元的收益。

2006年，高盛收购双汇集团，实现全面控股，总回报率达到240%；2007年，投资西部矿业，获得"世界第一高回报"，西部矿业上市后套现70亿；2010

年，投资海普瑞，上市后创造A股市场第一高价，获得90多倍的项目浮盈。

高盛于1992年开始涉足中国内地，截至2010年，高盛在中国一共投下了71个项目，其中11个制造业，9个是食品饮料行业，其他的包括户外媒体和环保节能灯等。

在这些项目中，高盛将所具有的宏观把握能力发挥得淋漓尽致，基本把握了中国制造业崛起、消费升级以及中西部地区经济开发的大趋势。当别人不停地抢成熟的项目的时候，高盛则挖掘了大量的"婴儿项目"，所以，高盛的项目遍地开花。

与其他私募股权投资相比，高盛私募股权投资的运转方法有所不同。

高盛的投资有四个步骤，即直投、融资、上市、交易。所以，得到高盛的投资后，企业必然走上上市的道路。

除此之外，高盛对被投资企业的规范化情有独钟。1994年，高盛投资中国平安，为平安引进了审计师和精算师，并为其建立了详细的储备政策。高盛让平安的财务部门掌握了国际会计准则，学会了如何制定资本预算并作出预测。

高盛还帮助平安引进了20名外国专业管理人才，同时对本土员工开展了海外培训。在高盛入股平安期间，平安的保费收入获得巨幅增长。从持股到卖出股票，高盛在平安耕耘了13年之久。

在过去的二十多年中，私募股权投资在中国获得超额资本回报的神话屡见不鲜。

私募股权投资基金之所以能够获得较高的收益，是因为私募股权投资基金不仅仅提供资本，同时还介入公司的管理，从而能够利用自身管理学、金融学、营销学等多层次的专业知识帮助被投资企业发展，而这部分管理技能是大多数初创型和成长期企业的管理层所不具备的。

当然，高盛也有折戟沉沙的时候，太子奶事件就是高盛的失败案例。2006年，湖南的太子奶公司从高盛、摩根士利丹、英联等著名私募股权投资基金募资7300万美元，取得了100％控制太子奶的离岸合资公司——中国太子奶食品公司31.4％的股权。

高盛和太子奶还签下了"对赌协议"，规定了太子奶的上市期限。可惜，太子奶未能如期上市。

2008年，太子奶发生了提前还贷、内部泄密等事件，银行不能续贷，太子奶最终陷入资金链危机。太子奶创始人李徒纯也锒铛入狱，企业由此倒下。

对于中国很多企业来说，高盛能够投资当然是非同一般的机会。高盛会不遗余力地对公司的发展提出宝贵的意见。高盛还会帮助企业开拓海外市场、寻找合资伙伴等。

与高盛相比，另一私募股权投资基金巨头凯雷又有些不一样。凯雷是传统型的私募股权投资基金。

2010，美国华尔街被欧洲债务危机影响之时，凯雷所持有的中国太平洋保险的股票却收获了 50 亿美元的账面巨额回报。

凯雷入股太保始于 2005 年。2014 年，太保旗下的太平洋人寿出现资金缺口。2015 年，太保人寿增发了 9.98 亿股新股，并引进凯雷作为战略投资者。凯雷出资 4.1 亿美元认购了太保人寿的 4.99 亿股票。增资完成后，凯雷持股约 25%。

此后，凯雷多次认购太保股票，并多次配合太保上市与太保置换股权，并最终获得太保 19.9% 的股权。

2007 年 12 月 25 日，太保在上海上市。但太保在香港的上市计划却遭到搁浅，并且一拖就是两年。一波三折后，直到 2010 年，凯雷投资太保终于修成正果。

对于私募股权投资基金而言，只有退出变现，才能得到投资回报。凯雷不做控股投资，在与太保的多年长跑中，凯雷一直愿意扮演长期投资者的角色，而不是追求眼前利益。凯雷还亲自参与到太保的发展改革中，干起了实业。当其他人都只热衷于"用钱生钱"的时候，凯雷则保持稳健的做法，这或许是凯雷的成功之处。

中国私募资本现状

在相当长的一段时间内,中国私募股权资本市场一直是由外资品牌占主导。私募股权投资也是近些年来才被更多人熟知。

2007年,中国私募股权投资行业迎来了变化,随着《中国有限合伙法》的修改和实施、金融危机、中国A股市场重启IPO以及创业板的推迟等一系列变化,中国私募股权基金已经开始跃跃欲试。

到了2008年,金融危机导致美元基金遭遇了冬天,相当一部分美元基金都很难募集到钱。金融危机的爆发为中国本土的私募基金带来了很好的发展机会。

当然,中国经济的基本面的持续向好也为中国本土私募股权投资基金提供了广阔的市场。相对于海外的私募股权投资机构,本土私募当然具有主场优势,比如能够更及时地把握中国经济形势的变化。

随着政策进一步放宽,众多产业基金也杀入私募股权投资市场,国家社保基金也以LP的形式投资私募股权投资机构。保险公司、银行等诸多掌握大量资本的金融机构也在注视着私募股权投资这一新兴投资形式。

政府也加入这一市场,并成为活跃参与者。政府不直接从事创业投资业务,但会通过扶持其他创业投资企业的方式参与到私募股权投资市场。

随着中国私募股权投资市场的不断发展，由外资唱主角的时代一去不复返。清科研究中心发布的《2011年中国私募股权投资年度研究报告》中的数据显示，2011年完成募集的基金中共有人民币基金209只，同比增长194%。外币基金的募集工作的速度虽然较上年开始加快，但也只有26只外币基金完成募集，外币基金募资规模同比下滑8.8%，到位金额较上年跌了21.5%。

不过，本土的私募股权投资基金并不顺利。相关统计显示，只有20%的私募股权投资项目能够带给投资者丰厚的回报，其余的，要么没有盈利，要么亏损。在这种情况下，投资者不会一次性注入所有投资，而是会采取分期投入的方式，每次投资都会设定相应的目标。

实施积极有效的监管是本土私募股权投资基金降低投资风险的必要手段，但这无疑会增加投资者的成本。不同的基金会采取不同的监管程度，其中包括采取有效的报告制度和监控度、参与重大投资、进行战略指导等。

投资者也可以介入公司的管理，比如帮助企业开拓新市场、寻找战略伙伴以发挥协同效应、降低成本等方式来提高收益。

在投资习惯上，本土私募资本一般会采取"速战速决"的做法，过剩的资金在追逐有限的项目，导致人们习惯凭借直觉行事，而外国资本则需要对项目进行技术判断，而且还有一套完整的标准和流程体现，相比之下，外国资本往往会处于下风。

但是，由于严谨的态度，外国资本投资的项目最后基本能够在海外上市，这是本土私募股权投资基金所望尘莫及的。

02 私募资本的运作法则

运作谜团

关于私募资本的运作,以高盛为例。

2007年2月12日,被誉为中国矿业明珠和资源之王的西部矿业隆重上市,每股盈利是0.81元,股价是68.50元,上市后高盛套现70亿元,可谓是石破天惊。

西部矿业是地处我国西部地区的以矿产资源综合开发为主业的大型矿业上市公司,注册资本23.83亿元,旗下主要经营八座矿山和四家冶炼厂。

2000年,西矿集团、鑫达金银、株冶冶炼厂、长沙有色研究院和瑞丰实业五家企业联合发起创办西部矿业有限公司。

2006年,随着金属价格不断飙升,高盛看到了商机,它以每股3元的价格协议收购了东风实业持有的西部矿业 10% 的股份，这笔股权收购共花费高盛 9615 万元。这笔交易赶在了西部矿业 2007 年 7 月上市之前完成。

不仅如此，高盛还赶上了西部矿业的 2006 年年度的股东大会，大会决议以公司股份总数 32050 万股为基数，以资本公积金按每 10 股转增 12 股，以法定公积金按每 10 股转增 3 股，以未分配利润按每 10 股送红股 35 股等方式大比例向全体股东送股。碰上这一难得机会，高盛手里的股份由 3250 万股猛增到了 19230 万股。这使得高盛每股投资成本仅为 0.34 元。

从高盛投资西部矿业可以看出，高盛对于 Pre-IPO 项目的追捧。所谓 Pre-IPO 项目是指企业盈利模式确定的项目。据深交所 2013 年统计，主板、中小板上市公司的平均市盈率在 38 倍左右，而 Pre-IPO 项目的市盈率一般为 8-10 倍，即使考虑到上市新股发行的摊薄，Pre-IPO 项目在企业上市后仍能增值 3—5 倍。而 Pre-IPO 项目一般比较成熟，对私募股权投资的能力要求不高，风险也不大。

最重要的是，Pre-IPO 项目投资周期短、见效快。当时，中国并购市场还处起步阶段，存在大量的市场机会。私募股权投资基金通过对有潜力上市的公司进行投资和扶持，使其持有的股份可以通过二级市场的放大效应，为其在短时间内获得巨额收益。因此，以时间短、成本低而获得最大收益就成了私募股权投资基金的首要投资目的。

当然，这类投资的缺陷也是非常明显的，由于接近IPO，投资机构之间，容易产生不当竞争，比如拼关系、拼价格等，而且运气成分会加大。高盛在这项交易中也有被人指摘的地方，2006年7月20日，东风实业公司和高盛的10%的股份的交易实际上是由东风实业公司和高盛集团有限公司全资子公司达成的，而高盛这个全资子公司直到2006年7月24日才在美国注册成立。

西部矿业的例子说明了私募股权投资基金游走在政策、法律与利益之间，犹如走钢丝。而下面要说到的双汇的案例则说明私募股权基金的运作更为复杂。

20世纪80年代，双汇从一家亏损的肉联厂起步，在双汇掌门人万隆的治理下，双汇成为中国最大的肉类加工企业集团。

从1992年起，双汇就开始引进外资。外资股东们为双汇带来了急缺的资本，也使双汇集团的子公司系统变得复杂。

1998年，双汇集团设立子公司双汇发展，登录A股市场。2002年，双汇发展增发5000万股。其后，随着公司盈利稳定，双汇对资本市场的融资需求减少。

但是，自2002年起，双汇管理层就开始通过境内子公司"海汇""海宇"

两家公司平台进行 MBO 第一次尝试。

2003 年 6 月，双汇集团将双汇发展 25% 的股份转让给刚刚成立的漯河海宇投资公司。2003 年起，双汇发展在其现金总流量净额为负值的情况下，连续两年大比例分红，海宇获利近 3 亿元。

但是，海宇的 16 名自然人很快被媒体指为双汇高管或关联人。2002 年注册的漯河海汇投资有限公司也是有万隆等 50 名双汇员工持股的，海汇先后参股 18 家双汇系企业。因为证监会关于关联交易的一些规定，海宇和海汇先后被注销。

双汇管理层想要得到双汇集团的控制权和股权的计划第一次落空。

在 2006 年以前，双汇集团的股权 100% 为国资持有。双汇发展的大股东也是国有股东。2006 年 1 月，中国证监会发布了《上市公司股权激励管理办法》，彻底结束了海汇和海宇继续存在的必要。双汇管理层想要完成 MBO 只能通过转道境外。

所以，不少国际投行都瞄准了双汇。2006 年年中，双汇集团的全部国有股权以 10 亿元底价挂牌北京产权交易所。由于 2006 年以前，双汇仅上市公司市值就达到 33.89 亿，这也给双汇集团的全部出售蒙上了贱卖之嫌。最终，高盛和私募股权投资基金鼎辉合资的罗特克斯公司以 20.1 亿元夺标。

当时，双汇集团大股东河南省漯河市政府拍卖产权的时候，曾经严格限定了竞拍条件，其中之一是"受让方或其关联方在提出受让意向之前不得在中华人民共和国境内直接或间接经营猪、牛、鸡屠宰以及相关高低温肉制食品加工业，也不得是这类企业的控股股东或第一大股东"。

按照这一条件，高盛和鼎辉首先是不合规的。2005年，高盛、鼎辉向雨润食品投资了几千万美元，雨润上市的时候，高盛就是战略投资者。

2007年，罗特克斯披露了收购报告书，全文解释了两个问题，即高盛对于双汇的投资不违常理以及高盛对雨润无法形成控制。

从2006年收购完成后，高盛从占股51%不断减持至5%。在投资双汇的3年时间里，高盛净赚15亿元。而就在2009年12月，双汇两次公告，披露双汇管理层计划通过一家名为兴泰集团的海外公司进行MBO的路径。高盛不断减持，实在是明智之举。

最后，高盛和鼎晖在赚了个盆满钵满后退出。直到2010年，双汇管理层通过双汇发展成功控股双汇集团，实现了MBO。

至于高盛为什么能够急流勇退？这还是一个未解之谜。不过，从高盛控股双汇集团的案例中，可以看到私募股权投资基金在并购项目以及运作项目中所体现出了"运筹帷幄""快进快出"的特点。

私募资本是怎样运作的

当然,对于私募股权投资而言,它拥有一套相对规范的技术操作。

高盛看重的标准有三个,即财务标准、市场标准与无形资产标准。其中财务标准就是最重要的一条。

当然,如果一家企业的财务状况非常之好,那么,企业家也通常不会主动使用私募股权投资基金。而对于私募股权投资基金而言,除非开出一个很高的价格,才能买到这样的企业。

但是,对于那些准备创业的企业家而言,财务报告就显得极为重要。尽管这并非是决定性的标准,但是从财务报告中的确能够看出企业发展的潜力,当然,还有企业发展的现状和问题。对于私募股权投资基金而言,一般还会多要几个年份的报告,以备他们能够看到公司发展的趋势。

从财务标准中,我们可以看到企业的部分真实状况。但是,能够得到的财务报告未必是真实的,也有可能掺杂水分。

对于成熟的私募股权投资基金而言,财务报告反映了公司的历史信息,但是,这无法判定公司的未来走向。

所以,私募股权投资虽然变得日益流行,但是,审慎的选择标准还是不变的。拿高盛来说，投资项目首先会经高盛亚洲直投部的员工进行第一轮筛选，然后把好的项目拿到高盛亚洲投资委员会上讨论，董事总经理们会参与表决。所获得的项目无论金额大小，都必须上报到高盛投资委员会。每周，高盛负责直投的高层都会集中讨论全球各地上报的项目，并做最终的投票。高盛的流程一贯如此。

市场标准也是重要的标准。市场标准主要是用来分析企业面对的市场局面。对于一家私募股权投资基金而言，企业的管理可以通过改善企业的管理层获得提升。但是，企业所面对的市场局面是难以改变的。所以，企业所面对的市场局面是判断企业投资价值的一条重要标准。

私募股权投资基金重要的业务就是从企业价值提升中获得高额利润。

但是，当私募股权投资基金面对是一些经验丰富的企业家的时候，私募股权投资基金的规范操作往往不会那么立竿见影，这个时候，投资者的技巧尤为重要。

在利益面前，有的私募股权投资基金会买下一家公司，然后将它肢解后立即转手倒卖，以赚取差额利润，但这些形式的并购是企业家不能接受的。

一般而言，私募股权投资基金首先会做的是找到目标，不管是上市公司，还是非上市公司，重要的是发现那些具有潜力的企业。一旦确定投资目标，为了补充实力,私募股权投资基金会构建一个同盟。不少私募股权投资基金由于缺乏经验,一般会向投资银行寻求帮助。

而任何一次并购行动中,会计师和律师是绝对不能省去的。会计师可以为股权私募投资基金提供财务咨询,而律师则可以在法律、法规上提供专业的建议。

除此之外,私募股权投资基金还会寻求行业专家的帮助。人脉是不可替代的优势。如果投资者可以获得目标企业管理者的协助,无疑会使交易变得容易。

对于私募股权投资基金而言,它可以进行善意并购,即通过与目标公司友好协商以达成最终目标。

当然,也可能会用半强迫的方式逼迫目标企业就范,也会运用恶意并购。一个恶意并购者会首先从公开市场吸取一定比例的股票,获得股东权利,然后通过各种技巧去争取其他股东和投票权。这在资本市场,也是符合游戏规则的。

最后,私募股权投资基金要得到目标项目,最基本的条件还是资金。资本实力越大,势力就越强。庞大的资金实力意味着更有信用,可以动用更多资金以及做更大的生意。当然,还有人,掌握资本的人必须是专业的。

私募资本对企业的帮助

毋庸置疑，私募股权投资基金可以给企业带去很大的帮助。以高盛等公司作为案例，我们可以知道私募股权投资将为企业带来哪些帮助。

2010年，海普瑞以148元的最高发行价创下了A股新高，使得股东之一的高盛在三年时间内仅仅用了6000万元的投资就获得了近90倍的账面收益。高盛从中获得浮盈65.89亿元。这在国内绝对是一个奇迹，要知道，一般国内创投公司投资项目，上市后能有5倍收益就不错了。在国内上市的创业板的公司中，战略投资者获得的平均收益也只是9—10倍。高盛做了什么呢？

第一，它给企业带去了专业的投资。在高盛投资海普瑞之前，前后有7家公司投资海普瑞，其中持股比例最高的深圳源政投资有限公司在2007年6月4日将其持有的22.93%股权悉数让出，高盛得以顺利大量买入。只有高盛认识到了海普瑞的巨大潜力。

海普瑞是一家制造一种叫肝素纳的制药公司，海普瑞的利润就集中在这种药物身上。

1992年，深圳的李锂和李坦夫妇两人创立了海普瑞。1998年，李锂获得深圳源政投资有限公司的投资，深圳源政投资有限公司是深圳早期的私募股权投资基金之一。相比于其他同行业的厂家，海普瑞的产品并非是独一无二的，但它比其他厂家的产品更加优质。在随后的十来年里，海普瑞一直在肝素纳领域深耕细作。

一直到 2007 年 6 月 4 日，深圳源政投资将它的股份让出。2007 年 9 月 3 日，高盛旗下全资子公司 GS Pharma 又对海普瑞增资 491.76 万美元。高盛最后占到了海普瑞 12.5% 的股权。

第二，它给企业带去了关系网。2008 年 2 月 28 日，美国百特医疗公司正式宣布召回大量肝素类产品。美国百特公司称大约有 350 人发生严重过敏反应，还有 4 人因此死亡。美国百特公司的肝素纳原料是由中国江苏厂商提供的。自此，中国的肝素纳市场开始洗牌，这给了海普瑞难得的机会。海普瑞以"零缺陷"通过了美国 FDA 的现场调查。

因此，高盛就开始利用自己的关系网，为海普瑞铺路了。2008 年 5 月 17 日，美国卫生和公众服务部部长莱维特、美国 USP 总裁访华，在美国驻华大使馆与李锂进行了一次长谈。谈话结束后，海普瑞一跃成为美国大剂量标准肝素纳制剂唯一的原材料供应商。2008 年，海普瑞的销售额仅为 4.35 亿元，而到 2009 年，销售额就跃升到 22 亿元。

第三，它给企业带去超前的眼光。为什么高盛入股海普瑞之前，会发生前后7家企业都开始撤资，而只有高盛坚持买入并且不断增资呢？这就是高盛超前的眼光。这种眼光对于企业发展也是十分必要的。

高盛方面说："因为锁定期的存在，股票的定价对我们来说只是个可作为参考的数字，虽然我们关心它的股价。海普瑞总的募集资金非常多，但我们一股也没有卖，即使账面上挣了两百倍，实际上一块钱也没有拿到。"

高盛方面还提到即使超过合约所规定的锁定期，高盛也不一定会出售股票。显然，高盛更能沉得住气。

有人说高盛后来的进入导致了深圳源政的退出。但其实是深圳源政的误判导致了他们的退出，这种误判也包括其他6家持股公司。最初，海普瑞准备在创业板上市，但创业板迟迟不开，加之海普瑞并没有强劲的发展势头，使得这7家公司最终退出。

李锂透露，在深圳源政没有退出的2006年，高盛的美国团队在当地了解到海普瑞的市场前景后，开始主动和海普瑞接触。

李锂还说："那时候，钱不是重要的。我们是一家产品国际化的公司，高盛能提供全球视野和治理思路。比如要不要进入南美市场？他们会提建议。也会提怎么治理让公司更有效率。"毋庸置疑，李锂欣赏高盛的远见。

在美国百特事件中，美国人曾经呼吁严惩中国肝素纳行业，不再从中国市场进口。这让海普瑞备感压力,而高盛美国总部的首席分析师罗伯特·金对李锂提了意见,说肝素钠不会消失也没有替代品,只要产品质量没有问题,美国的市场反而是个机会。此后,海普瑞停下了对欧洲的供给,以保证对美国的供给。

对于为什么停止对欧洲的供给,李锂则说是为了保证产品质量。在高盛的指导建议下,海普瑞走了与其他中国企业不同的道路,那就是放弃了残酷的价格战。海普瑞的出口价格在其他四个国际主要竞争对手中是最高的。

第四,它能够帮助企业纠正错误。2004年5月,财务投资人美国新桥投资公司,也就是TPG,与深发展签订了《股份转让协议》,后者因此成为了中国第一家由外资控制的本土银行。

收购后,深发展迎来了美国行长韦杰夫。这位美国行长拥有哈佛工商管理硕士学位,中文水平优秀,在花旗、渣打银行有过20多年的从业经验。但就是这样一位资深从业者也有明显的弱点,深发展董事会发现韦杰夫不能果断有效地进行决策,即使这位行长是控股的TPG推荐的人。

最后,董事会决定辞去韦杰夫的行长一职。这背后肯定有TPG的默许,也说明TPG拥有很强的自我纠错能力。

第五,它能够优化企业人事。对私募股权基金而言,企业的人际关系和人事管理是非常关键的。所以，私募股权投资基金会积极地参与到企业的人事管理中。私募股权投资基金对企业的人事重组主要是变更董事会、知人善任、重构业绩评价和奖励体系、挽留企业核心和关键人才。

私募股权投资基金入股企业后，一般会成为企业的重要股东。如果企业的人事存在问题，私募股权投资基金难免会介入，他们可能会给企业雇用一个高水平的职业经理人，这无疑是私募股权投资基金的优势。

除此之外，私募股权投资基金还会帮助企业重建科学的业绩评价和奖励体系。通过这些改革，企业往往能够更好地激励员工的工作热情。

第六，它能从整体上革新企业。许多企业在成长壮大之前，都只不过是一些名不见经传的小企业。但是，经过私募股权投资者的包装，往往能够使这些企业的知名度大幅提升。

2002年6月，携程成立了经济型连锁酒店，即如家，注册资本为1000万元，但这点钱还是杯水车薪，于是他们打算引进股权融资。

2003年，如家开启第一轮私募股权融资。2006年，如家在北美上市，在短短几年内成为了行业龙头。而私募股权投资基金正是如家上市的主要推手。

第一，私募股权投资基金给如家带去了大量的资金，使如家得以快速扩张。

第二，在如家扩张后，私募股权投资基金优化了如家的收入和成本结构，实现了成本的相对降低。

第三，私募股权投资基金改善了如家的股权结构，使之更趋于合理化、法制化。

第四，私募股权投资基金提高了如家的管理水平，其方法包括激励管理层以及引进优秀管理人才。

第五，如家借助了一些私募股权投资基金在国际市场上的良好口碑、经验和信誉，募集到了更多的资金，得到了更多的机会。

03 魔鬼游戏

太子奶事件

对赌条款是私募股权投资交易中最为惊心动魄的一幕。

对赌条款是期权的一种形式。通过条款的设计,对赌条款可以有效保护投资人利益。在国外投行对国内企业的投资中,对赌协议已经广泛应用。

对赌条款就是收购方(包括投资方)与出让方(包括融资方)在达成并购(或者融资)协议时,对于未来不确定的情况进行一种约定。如果约定的条件出现,投资方可以行使一种权利;如果约定的条件不出现,融资方则行使另一种权利。所以,对赌条款实际上就是期权的一种形式。

不得不说,从法律上来说,对赌条款的签订是双方按照民法原则进行的平等博弈、自由选择的结果。但是,现实和理念往往存在一定距离。

对于那些急需投资的企业来说，资金的注入是性命攸关的大事。当私募股权投资基金提出一些不够平等的要求的时候，这些企业往往只能忍气吞声，被迫接受。

而对于那些提供资金的私募股权投资机构来说，也并非是完全占据主动。有一部分企业忽悠、瞒骗私募股权投资机构，也有相当一部分企业，过高地估计自己。而当私募股权投资机构难以判断的时候，对赌条款不失为一种自我保护条款。

先说湖南太子奶事件。太子奶涉及了很多第一次，比如"国内第一起跨境破产重组案""外资投行对赌"，因此格外受人关注。它可以说是中国企业"对赌案例"中结果最惨烈的一个。

1996年，湖南人李途纯创立了太子奶集团的前身，即太子牛奶厂。太子奶成长快速，1998年，太子奶以天价竞得了央视消费品类标王。从此，太子奶的发展变得更加迅猛。

2006年，太子奶集团计划上市融资。面对发展势头强劲的太子奶，多家私募股权投资基金闻风而动。对于李途纯来说，企业的发展十分乐观，因此他希望私募股权投资基金不要介入公司管理。因为这个原因，李途纯选择了短期投资者。

2006年资本市场火热，人们对于太子奶这一优质的项目十分渴求。

最终，2006年11月，高盛、英联、摩根三大外资私募股权投资基金向如日中天的太子奶投入7300万美元。他们由此获得了太子奶的离岸合资公司中国太子奶商品公司31.4%的股权。其余股份则控制在李途纯等创始人团队手里，李途存依然是绝对控股。

这三家私募股权投资基金的计划是在一年内将太子奶运作上市并尽快套现。

2006年年底，太子奶进行了资产重组，将相对优质的乳业资产并入太子奶集团，准备上市。

但是，关于上市的问题，却撕裂了三家私募股权投资基金和太子奶的良好合作关系。

企业上市可以有三个地方选择，即内地、香港和纽约。太子奶的多数高管和董事会成员选择了A股或者H股，但是李途纯却坚定要求太子奶在美国上市，以树立中国第一个在美国上市的乳业品牌。

为此，李途纯从2006年开始就聘请了多家国内外会计事务所对太子奶的财务进行审计，为上市做准备，不过审计最终没有通过。

于是，三家私募股权投资基金希望太子奶在香港上市，此事无果后，失望的高盛最终放弃了太子奶的上市计划。

就在这样的情况下，太子奶和这三家外资私募股权投资基金签订了对赌条款：如果太子奶前三年的业绩增长超过了50%，就可以调整投资方的股权；如果完不成30%的增长，创始人团队就会失去控股权。显然，这是三家私募投资基金为了取得企业控股权而做出的一次尝试。

而太子奶也答应了。因为太子奶从2004年到2006年这三年的销售额分别达到4亿元、8亿元、12亿元，实现了连续三年超过50%的高速增长。太子奶管理层非常乐观地认为未来每年的销售收入的复合增长率也能达到50%上。

但是，太子奶显然高估自己了，而且太子奶的发展模式也备受诟病。一份国外著名审计师事务所的调查表明，太子奶存在净利润注水以及盲目扩张的情况。

太子奶要求原料供应商先期供货以及经销商预先打款，然后用经销商的钱进行扩张。据资料显示，太子奶集团2005年年底的总资产仅13亿元左右，净资产近1.7亿，负债率达11.6亿元，远超国内金融机构融资所要求的负债安全线。

2008年，中国乳业发生了致命的"三聚氰胺"事件。太子奶也受到波及。

这两方面因素导致太子奶根本无法赢得对赌条款。李途纯只能交出太子奶公司的控股权。而后，三大私募股权投资基金答应在一周之内投入 3000 万美元。

但是，三大私募股权投资基金并没有向太子奶注资 3000 万美元，显然，私募股权投资基金对于控股也失去兴趣了，手里的太子奶公司变成了一个烫手山芋。

此时的太子奶公司负债高达 20 多亿元。三大私募股权投资基金陷入了窘境，当他们想把太子奶公司甩给株洲市政府的时候，却遭到了婉拒。

不过，株洲市政府还是伸出了援助之手。政府成立了一个独立于太子奶集团的高科奶业公司，将太子奶的核心业务交给高科奶业，从而暂时使太子奶集团摆脱高额债务，使得太子奶能够在高科奶业的名下再次运转。

而李途纯似乎又变得十分乐观，他和三大私募股权投资基金签订了股权转让协议，重新又控股了太子奶集团，而三大私募股权投资基金得以顺利退出。

不过，太子奶集团最终也没有起死回生，而太子奶创始人李途纯也因为后期的违法锒铛入狱。

所以，太子奶和三大私募股权投资基金最后实际上是一个双输的局面，这充分地说明了对赌条款的残酷性。

太子奶的例子很好地说明了企业签订对赌条例要量力而行。如果对自己的盈利预期缺乏正确的估计，最后只能被迫将自己的股转让给投资者，成为对赌条款的失败者。

蒙牛博弈摩根士丹利

1991年1月，牛根生创立了蒙牛乳业有限公司，公司注册资本100万元。蒙牛在短短的9年中，创建了举世瞩目的"蒙牛速度"和"蒙牛奇迹"。从零开始的蒙牛到2007年年底，其主营业务收入已经实现213亿元，年均递增为121%。蒙牛也因此成为了全国首家收入过200亿元的乳品企业。

蒙牛的一串漂亮的数据特别惹眼：截至2007年年底，利润实现10.87亿元，年均递增159%；税收实现10.35亿元，年均递增138%。主要产品的市场占有率超过35%；UHT牛奶销售全球第一，液体奶、冰淇淋和酸奶销量居全国第一；乳制品出口量、出口国家和地区居全国第一。

事实上，蒙牛成立不久，其销售收入数据就令人震惊：不满一年，创造三个月实现3730万元的销售额。当然，蒙牛也存在着一个问题，那就是资金问题。蒙牛需要快速的扩张，因此需要大量的资金，仅仅靠销售额是不够的，但蒙牛当时作为一家并不出名的民营企业，很难从银行贷款。

2001年，蒙牛开始考虑上市。当时，蒙牛寻求A股上市，但由于蒙牛只是一家新生的公司，很难在 A 股上市。

2002 年，蒙牛的董事会决定在香港上市，但对于历史短、规模小的蒙牛，要在香港上市也绝非易事，他们得到的回复是蒙牛不符合上主板的要求，而只能上二板市场。主板市场比二板市场的流通性更好，融资更容易，蒙牛显然不愿放弃在主板上市的计划。

就在蒙牛左右为难的时候，私募股权投资基金主动找到蒙牛，并建议蒙牛引进私募，私募股权投资基金可以帮助蒙牛成长和规范化，最终达到香港上市的要求。

因此，蒙牛开始引入国际私募股权投资基金。蒙牛引入的国际私募股权投资基金是摩根士利丹。

2006 年 6 月，摩根士利丹等机构投资者在开曼群岛注册了开曼公司。同年 9 月，蒙牛在英属维尔京群岛注册成立了金牛公司和银牛公司。金牛公司和银牛公司各以 1 美元的价格收购了开曼公司 50% 的股权，其后设立开曼公司的全资子公司——毛里求斯公司。

10 月，摩根士利丹等三家私募股权投资机构以认股的方式向开曼公司注入 2597 万美元，取得该公司 90.6% 的股权和 49% 的投票权，这些资金又换得蒙牛乳业 66.7% 的股权，蒙牛乳业也成为合资公司。

2003年，摩根士利丹等公司与蒙牛乳业签署了一份类似于证券市场的可转债的"可换股文据"，未来换股价格仅为0.74港元/股。通过它，摩根士利丹向蒙牛乳业注资3523万美元。

这个"可换股文据"的价值的高低最终取决于蒙牛乳业未来的业绩。如果蒙牛未来业绩好，那么，摩根士丹利就可以通过它得到高额的回报；反之，摩根士丹利的回报就大幅度减少。为了使预期的增值目标能够实现，摩根士丹利与蒙牛签署了基于业绩的对赌协议。

双方约定，从2003年到2006年，蒙牛乳业的复合年增长率不低于50%。若达不到，公司管理层将输给摩根士丹利约6000万到7000万股的上市公司股份；如果业绩增长达到目标，摩根士丹利等机构就要拿出自己的相应股份奖励给蒙牛管理层。

2004年6月，蒙牛业绩增长达到预期目标。摩根士丹利等机构"可换股文据"的价值得以兑现，换股时蒙牛乳业股票价格达到6港元以上；对蒙牛乳业管理层的股份奖励也都得以兑现。摩根士丹利等机构投资者投资于蒙牛乳业的业绩对赌，让各方都成为赢家。

摩根士丹利对于蒙牛乳业基于业绩的对赌之所以能够划上圆满句号，总结归纳，该份对赌协议中有如下七个特点：

一是投资方在投资以后持有企业的原始股权，如摩根士丹利等三家国际投资机构持有开曼公司90.6%的股权和49%的投票权；

二是持有高杠杆性（换股价格仅为0.74港元／股）的"可换股文据"；

三是高风险性（可能输给管理层几千万股股份）；

四是投资方不参与经营，不参与管理，仅是财务型投资；

五是股份在香港证券市场流通自由；

六是蒙牛乳业虽然是创业型企业，但企业管理层原来在同一类型企业工作过，富有行业经验；

七是所投资的企业属于日常消费品行业，周期性波动小，一旦企业形成相对优势，竞争对手难以替代，投资的行业风险小。

在签订此协议前，蒙牛对企业的预期发展就进行了详细的分析：

从当时的行业发展阶段看，乳品行业的市场规模从1998—2003年延续着年均增长33%。飞速增长的市场为蒙牛快速占领更大市场提供了优越的外部环境；从蒙牛的竞争者来看，除了伊利之外，像三元、光明等乳业企业的发展状况并不好，蒙牛有足够的发展空间；从企业管理能力上看，蒙牛通过激进的广告营销迅速建立了品牌知名度，蒙牛还在内蒙古建立了大量奶源基地，一举解决奶源和运输问题，为企业扩张提供了条件。

所以，蒙牛和摩根士丹利的对赌条款能够实现一部分的双赢局面。但是，蒙牛在上市之前与摩根士丹利的对赌协议中还有一条却勒住了蒙牛的脖子。牛根生曾经对摩根士丹利承诺：外资系随时随地可以以净资产价格或2亿元人民币的"蒙牛股份"总作价的一个价格，增资持有"蒙牛股份"的股权。

这样一来，外资系可以轻松增持蒙牛的股权，最后架空牛根生。

2004年6月10日，蒙牛股份在香港成功上市。可是，四年后的2008年中国乳业爆发危机的时候，牛根生在《致中国企业家俱乐部理事长及长江商学院同学的一封万言书》中，写到"股价大跌，导致我们抵押给摩根士丹利的蒙牛股份在价值上大幅缩水，这引得境外一些资本大鳄蠢蠢欲动，一面编织谎言，一面张口以待……及时补足保证金，关系到企业话语权的存亡。作为民族乳制品企业的蒙牛，到了最危险的时候！"

趁着中国乳业危机，摩根士丹利已经行动了，摩根大通发表研究报告唱空蒙牛，它一边打压蒙牛股价，一边在二级市场收购股票，随时启动"以净资产价格或2亿元人民币的'蒙牛股份'总作价的一个价格，增资持有'蒙牛股份'的股权的对赌条款，而牛根生毫无还手之力。

幸运的是，2009年7月，中粮集团联手厚朴基金以每股17.6港元的高价投资61亿港元收购蒙牛公司20%的股权，成为蒙牛的第一大股东，成功化解了蒙牛危机。而中粮集团和厚朴基金并不像摩根士丹利那样以追逐利润为中心，他们成为第一大股东后，并没有介入牛根生的管理层，一切从旧。

而厚朴基金还为蒙牛引入欧洲爱氏晨曦作为第二大股东，爱氏晨曦是欧洲最大、历史最悠久的乳制品企业之一，厚朴基金无疑是在为蒙牛铺设星光大道。

从蒙牛的对赌案例中可以看到蒙牛有着明确的目标以及对企业的成功预估的能力，这使得在和摩根士丹利的对赌中能实现了一部分的双赢。至于后来事态的发展，实在超越蒙牛的预期。从蒙牛案例中最能看出对赌条例具有难以预测的风险。

永乐的悲歌

陈晓，原永乐电器董事长。陈晓于1985年开始从事家用电器销售，在家电零售业一向以出奇创新闻名。此人人生坎坷，曾患小儿麻痹症，至今脚部残疾，又遭幼年丧父、中年丧妻等家庭悲剧。

在创建新的永乐电器之前，陈晓在国营上海永乐家电批发总公司工作。这家企业鼎盛时销售额突破过18亿元，但很快陷入了房地产投资热的泥沼，濒临破产。陈晓带领 40 多名员工集体辞职，买下"永乐"品牌。

1996 年，他们成立了新的股份制企业上海永乐。1998 年，上海永乐由家电批发商转为专卖零售商，2000 年上海永乐管理层及雇员完成了对公司全部股权的收购，次年起成为上海最具规模的家电专卖零售商。

2002 年年底，永乐还仅在上海拥有 14 家门店。面对激烈竞争，永乐曾于 2002 年主导"中永通泰"采购联盟，与北京大中、河南通利、山东雅泰、成都百货等家电流通企业达成"互不介入"协议，借此巩固现有地位，同时为日后的扩张打下基础。

为了获得扩张所需的资金支持，永乐一直有意上市融资。2003 年，永乐开始与摩根士丹利接触，着手启动上市工作。

2004 年，国美、苏宁先后在香港和深圳上市，永乐却没迈出实质性步伐。但 2004 年年底永乐成功引入美国摩根士丹利战略投资。摩根士丹利和鼎晖以总代价 5000 万美元分别认购永乐 3.63 亿股和 5913.97 万股。

到 2005 年 9 月底，永乐已在 6 个省和 3 个直辖市开设了 151 家门店，仅次于国美、苏宁。

2005 年 10 月 14 日，已是国内第三大家电连锁零售商永乐电器正式在香港上市，集资额约 10.26 亿港元。

上市后，永乐利用募集的资金，有选择性地开设新门店和收购合适业务，以扩大市场份额，并巩固自己在长三角地区的领先优势。

陈晓在与摩根士丹利的谈判中处处强调对公司的控制权，通过煞费苦心的信托安排，把属于永乐 57 名高管、员工及顾问的约 24.2% 公司股份的投票权牢牢握于手中。

2005 年下半年，永乐与摩根士丹利签下了一份对赌协议。如果永乐 2007 年（可延至 2008 年或 2009 年）的净利润高于 7.5 亿元人民币，机构投资者将向永乐管理层转让 4697.38 万股永乐股份；如果净利润等于或低于 6.75 亿元，永乐管理层向机构投资者转让 4697.38 万股永乐股份；如果净利润不高于 6 亿元，永乐管理层转让的股份最多达到 9397.76 万股，这相当于永乐上市后已发行股本总数（不计行使超额配股权）的约 4.1%。永乐和摩根士丹利的对赌焦点在于对股权的争夺上。

摩根士丹利还规定，净利润计算不包括上海永乐房地产投资及非核心业务的任何利润，也不计任何额外或非经常性收益。这份对赌条款意味永乐必须"三年内保持年均 50% 的净利润增长率"。

永乐在进行扩张中，陈晓发现自己和国美、苏宁的竞争导致经营成本大幅提升，激烈的竞争环境也使得永乐的利润大幅降低。

在这样的情况下，永乐想要赢得对赌几乎不可能。为了赢得对赌，永乐董事长陈晓决定壮士断腕。他下定决心裁员和减薪以降低永乐的经营成本。但摩根士丹利的财务预测已经表明，永乐的失败已经不可避免。

2006年4月，陈晓和大中电器成功达成"换股合并"计划。双方约定，大中电器在北京和天津的收入都纳入永乐的销售额中。

陈晓的做法无疑让摩根士丹利暴露了自己的资本本性，就在永乐和大中电器达成合作协议的第二天，摩根士丹利就开始打压永乐股价。

摩根士丹利公开发表声明："永乐收购大中，其成本快速增加以及偏贵的估值（13亿人民币），令摩根士丹利决定调低永乐今明两年盈利预测25%—27%。"

摩根士丹利的话一放出，效果就产生了，永乐股价大跌。同时，摩根士丹利抛售了约15.81%永乐股权，永乐股价跌破发行价，市值缩水近60亿元。而摩根士丹利从中成功套现8亿港元，投资回报率超过200%。很快，大中电器也和永乐签署分手协议，永乐股价再次暴跌。

2006年7月，永乐只能把自己卖给国美，国美以52.68亿港元的代价收购了上市仅仅九个月的永乐电器。

摩根士丹利展开了一系列看似独立实则环环相扣的操作，一方面利用减持永乐的行动,导致其他投资者跟风抛售,使永乐股价走低,市值大幅缩水,并客观上使得基于换股方式的永乐与大中的合并基本告吹。

同时,摩根士丹利又调高永乐竞争对手国美的评级并增持国美,并公开发表言论支持国美并购永乐。永乐成为第一家受外资投行对赌协议及操作手法推动而被并购的中国公司。

这是家电史上最大的一宗连锁企业并购案。永乐电器的董事长陈晓又阴差阳错成为国美的CEO。后来,陈晓和黄光裕发生一系列股权之争,声势浩大,引人关注。

显然,从永乐事件中,私募股权投资基金露出了更为"凶猛"的一面。这也提醒企业家要更谨慎地运用对赌条例。

04 相对论

雷士照明沉浮记

雷士照明创立于1998年年底,创始人是吴长江。经过多年的发展,雷士照明成为中国照明行业的领头羊。

从2006年以来,雷士照明就开创了中国照明行业资本运作先河,先后与软银、高盛等私募股权投资机构接触。2006年4月,软银出资2200万美元入股雷士照明。

2007年,雷士照明的销售额达20亿元,在全国拥有近3000家品牌专卖店。吴长江开始筹划公司上市。

2008年,软银赛富又通过形式认股权证和购股的方式投入1000万美元,同时高盛以3655.56万美元入股雷士照明。为了增强技术能力,雷士照明以"现金+股票"的方式收购了世通投资有限公司及其子公司以及上海阿卡得等资产。

私募股权投资基金给雷士照明带去了丰富的管理经验，这使得雷士照明得以打开海外市场。

不过，此时，第一大股东变成了软银，吴长江跌为第二，而高盛是第三。

在引进私募股权投资基金的同时，雷士照明又采用"现金+股票"的方式收购了当时亚洲最大的光源生产企业浙江江山三友电子有限公司。

在公司快速发展的情况下，吴长江和软银赛福、高盛等私募股权投资基金签订了一系列对赌条款，包括每年的业绩指标、奖金、转让限制、优先购买权和共售权、赎回权等。条款还规定：如果雷士照明未能在2011年8月1日前上市，软银赛富有权要求公司赎回投资股份，一旦软银赛富开始赎回，高盛也将有权要求赎回，并支付投资累计利息。

2010年5月20日，雷士照明以每股2.1港元的价格发行近7.28亿股，顺利在香港联交所上市，募集资金近15.3亿港元，集资净额约13.73亿港元。

事情到这里为止，吴长江和私募股权投资基金的合作似乎还是一帆风顺的。但是，事情很快起了变化。

2011年7月21日，雷士照明引进法国施耐德作为策略性股东，由软银赛富、高盛联合吴长江等六大股东，以4.42港元/股的价格，共同向施耐德转让2.88

亿股股票。施耐德耗资 12.75 亿港元，股份占比 9.22%，成为雷士照明第三大股东。

但是，2012 年 5 月 25 日，吴长江毫无征兆地以"个人原因"辞去了他在雷士照明的一切职务，而接替他出任董事长的则是软银赛富的阎焱，接替他出任 CEO 的则是来自施耐德并在施耐德工作了 16 年的张开鹏。

这是怎么回事呢？6 月 4 日，香港纽交所披露，吴长江辞职当日减持雷士照明 4826 万股，套现近 8300 万港元。消息一出，雷士照明股价下跌 20%。但是，吴长江回应说，自己被券商强行平仓还钱，于是，他在 6 月 11 日和 12 日两次增持雷士照明，再次成为第一大股东。

6 月 14 日，有传言说吴长江夫妇因为卷入一宗案件被有关部门带走调查。6 月 19 日，雷士照明公告说，吴长江夫妇被调离岗位。这些说法都受到了吴长江本人的否认。

那么，到底是怎么一回事呢？

原来，这一切背后的主角是软银赛富的阎焱，他刚刚接替吴长江任雷士照明的董事长。以阎焱为代表的私募股权基金主导了公司董事会，他们以"吴长江一向不遵守董事会决议,并且其个人财务陷入困境"为由"赶走了"吴长江。

软银赛富、施耐德和高盛三家私募股权投资基金合计掌控了公司 33.36 的股权和投票权，即使拥有第一大股东地位的吴长江也不能与之抗衡。

2012年7月9日，阎焱对外说明，只要吴长江答应三个条件，他便可以回归雷士照明，但吴长江进行了严厉的反驳。

不过，吴长江并非没有筹码，他拥有的是人心。从2017年7月12日开始，因吴长江出走导致的雷士照明供应商、经销商、管理层和员工的消极反抗事件层出不穷，这对以阎焱为首的董事会产生了威慑力。

而阎焱只能用时间来分化经销商和供应商，期待他们不再抵触。这一些人对吴长江的"忠诚"绝大部分源于对利润的追求。他们认为吴长江能够给他们带去可观的利润。但是随着时间的推移，他们并没有耗下去的资本。

而能够真正支持吴长江的只有他本人、亲属和好友控制的与雷士照明有关联的企业了。这些企业分布在雷士照明业务体系的各个环节，成长壮大，成为雷士照明的手和脚。

比如，吴长江的岳母陈敏分别持股40.93%、36.3%、48%的圣地爱司、重庆恩林和山东雷士分别以获得商标授权的方式生产、销售雷士照明品牌产品；吴长江的岳父吴宪明持股49.67%的重庆恩纬西，则主要为雷士照明提供贴牌生产服务；还有吴长江的表亲和朋友拥有的公司分别向吴长江提供原材料和产品等。

总而言之，吴长江的亲信实力雄厚，具有与私募股权投资基金对抗的实力。2012年8月14日，雷士照明副总裁徐凤云高调辞职，他对记者说："我辞职，就是为了要跟阎焱决战到底！"

在这样的情况下，2012年8月下旬，外界纷纷传言吴长江将回归雷士照明担任董事长职务。此前，雷士照明的股价受吴长江辞职的影响不断下跌，而今受吴长江回归预期影响，8月24日，雷士照明的股价大涨18%。

此次内耗导致雷士照明2012上半年税前利润和同期相比下降75.1%，管理费用较同期增长91.9%。受罢工影响，雷士照明多个公司的设备使用率大幅下降。而且，由于内耗缘故，雷士照明无暇顾及2012年的伦敦奥运会。

2012年9月4日，吴长江重返雷士照明。雷士照明发布公告称，任命吴长江为公司临时运营委员会负责人，该运营委员会成立后将接管现行管理委员会的职能和责任，管理公司的日常运营。最后，吴长江和董事会达成了妥协。

吴长江之所以可以对抗私募股权投资机构来势汹汹的"进攻"，是因为吴长江有充分的筹码。那么，我们可以得出这样的结论，企业家想要和私募股权投资基金博弈，首先就要有充足的筹码。

马云与朱新礼的危机与救赎

1993年3月,马云在杭州创建了阿里巴巴。马云的创始基金只有50万,很快就用完了。后来,他引入风险投资500万美元。2000年1月,软银集团与阿里巴巴签约,马云得到了关键的2000万美元。2002年,阿里巴巴进行了第三轮融资,日本亚洲投资银行注资500万美元。一直到2004年,雅虎以10亿美元和雅虎中国全部业务作价,换购了阿里巴巴集团40%的股权。

从资本的结构上看,阿里巴巴并不是马云的,甚至不是阿里巴巴的,而是雅虎的。从2010年10月开始,雅虎在阿里巴巴拥有与39%经济权益对等的投票权,而成为无可争辩的阿里巴巴第一大股东。

但雅虎在阿里巴巴的地位显然给马云惹了麻烦。2010年,我国各媒体蜂拥报导马云将失去阿里巴巴的控制权。

原来是在2010年10月14日,《华尔街日报》报导了美国在线就收购雅虎一事与包括银湖、黑石在内的数家私募股权投资基金机构接触,雅虎股价周三大涨12.92%。随后,彭博社又报导雅虎将在高盛协助下对美国在线收购进行防御。

再看看雅虎,雅虎虽然在阿里巴巴归为第一大股东,但是,雅虎的发展形势并不乐观。2010年9月，雅虎数位高管离任，同时雅虎与阿里巴巴股权矛盾的公开化令时任CEO的巴茨陷入了信任危机。

10月14日，雅虎网站又出现死机，它的首页长达45分钟无法访问，这一切都说明了雅虎目前当时的颓势。从市场分析看，雅虎在与YouTube、脸谱以及谷歌的竞争中一直处于下风，这就是《华尔街日报》和彭博社报导雅虎收购案的原因。

所以，如果美国在线收购了雅虎，那么，马云的控制权就变得岌岌可危了。对于私募股权投资基金而言，马云的阿里巴巴也只不过是一个上市套利的工具，这显然与马云的理念相悖。

在雅虎处于困境的时候，雅虎当机立断地砍掉了累赘的搜索部门，进一步遏制住了自己的颓势。

不过，马云显然不愿意依靠雅虎，2012年9月18日，阿里巴巴集团宣布，以63亿美元现金及价值8亿的阿里巴巴集团优先股回购了雅虎持有的阿里巴巴集团股份的50%。这次交易后，雅虎持有阿里巴巴股权的比例降至21%，阿里巴巴从而消除了来自雅虎的威胁。

从马云的例子看，实力是对抗私募股权投资基金的关键之一。

再看汇源。汇源集团成立于1992年，掌门人是朱新礼。朱新礼与私募股权投资基金的合作被认为是充满智慧的。

2001年，汇源销售收入达15亿元，在果汁市场占有率达23%。

2001年初，新疆的私募股权投资基金德隆以战略投资者身份入股汇源集团并持有51%的股权，德隆认为，如果控制果汁业老大汇源，它就能成为国内果汁业真正的大鳄。在德隆的资金支持下，汇源开始了快速扩张。

但是到了2002年年底，朱新礼就开始感觉到不大对劲，德隆战略发展的兴趣不在实业上，战线拉得非常长，资金链也越来越紧张，汇源与它合作只会越陷越深。于是，朱新礼悬崖勒马，用了5.3亿元人民币回购了德隆的股权。

与私募股权投资基金第一轮接触之后，朱新礼将汇源的融资明确在"合作先于上市、产业投资人先于财务投资人"的框架下。

2005年3月21日，汇源与统一集团签订了组建合资公司的协议。汇源集团分拆其果汁产品业务，统一集团斥资3030万美元，双方共同组建了合资公司，即中国汇源果汁控股。统一集团拥有合资公司的5%股权。此次合资的升值幅度高过400%，令业界大呼意外。

朱新礼认识到搭乘台湾统一集团的快车可以令汇源打开东南亚市场。汇源和统一的合作是优势互补的。统一是台湾最大的食品饮料企业，在东南亚有很大的市场。汇源通过与统一的合作也可以省下一大笔因企业相互竞争而浪费的钱。朱新礼又一次在和资本的角逐中占据主动。

2006年7月3日，汇源集团宣布：法国达能、美国华平投资、荷兰发展银行以及中国香港惠理基金共同投资汇源2亿多美元，占有汇源股份35%。

2006年6月，正在筹备上市的汇源华平基金旗下的Gourmet Grace发售了价值6500万美元可换股债券。根据协议，这笔债权的换股价为汇源股票发行价格的85%；换股期为上市之日起至2009年6月28日；公司上市前付息的年利率为2.0%（含实物利息付款债券），上市后付息的年利率为2.5%。

2006年12月31日，汇源在香港联合交易所挂牌上市，以双方约定的转股价5.10港元计算，华平基金所持可转债可兑换约1亿股，约占公司总股份的6.35%，为公司的第三大股东。

华平基金是美国著名私募股权投资基金。华平首先通过对中国食品饮料行业的广泛调研，并长期关注汇源，最终抓住了投资汇源的机会。

华平基金凭借自己良好的国际声誉，帮助汇源引进了达能为战略投资者，它们一同为汇源带去了2.2亿美元的发展资金。

从汇源的一步步的行动中看，朱新礼并没有吃亏，反而屡次占得了主动，并没有被私募股权投资基金压制。朱新礼知道蒙牛与摩根士丹利的对赌条款，他认为那简直太疯狂了，他十分反对。

汇源之所以能够一直淡定从容，也是因为汇源一直以来都保持着核心的竞争力。汇源的品牌一直是极具吸引力的，以至于 2008 年可口可乐公司要以约 24 亿美元收购汇源，那是真正的天价收购。当然，因为政府的干预，那项交易并没有达成。

从朱新礼与私募股权投资基金的合作上看，朱新礼以自己的智慧避免了危机的产生，并通过节制的合作得到利益，更重要的是他将重心放在了提高企业品牌价值这一企业根本宗旨上，从而成功避免被资本制约的窘境。因此，也有人认为朱新礼十分"狡猾"。

分众传媒的得与失

2003 年 5 月，分众传媒控股有限公司正式成立，江南春任 CEO。

2003 年 6 月，国际著名投资机构 SOFT BANK 和 UCI 维众投资宣布对分众传媒投入巨资，推动分众的中国商业楼宇联播网的建设与运营。

2004 年 3 月，UCI 维众投资、鼎晖国际投资和 TDF 基金联手美国知名投资机构 DFJ、WI-HARPER 中经合以及麦顿国际投资等联手注资分众传媒数千万美金。

2004年11月16日，分众传媒控股有限公司与UCI维众投资、美国高盛公司和英国3i公司在人民大会堂召开新闻发布会，宣布UCI、高盛及3i共同投资3000万美金入股分众传媒。

2005年7月12日，分众传媒在美国纳斯达克成功上市。

可以看到，分众传媒的发展非常快速，非常顺利。江南春一手打造的分众传媒成功登陆纳斯达克市场，这也是第一只中国传媒概念股。对于分众传媒的成功，国内媒体纷纷用"神话""奇迹"等词来形容。可想而知，江南春应该是十分自豪了。

江南春在学生时代就为无锡的一项市政工程做户外创意赚了50万元。大学毕业后，江南春出任永怡传播总经理，在短短几年内就承揽了上海IT、互联网广告业里最大的一部分业务。可以说，江南春是一个天生的创业者。

直到2001年，互联网出现泡沫危机。江南春第一次受到巨大的打击。他认识到他所做的全案代理业务其实是产业价值链中最为脆弱的一个环节。因此，他开始转向媒体。

他研究得出，成功的新媒体必须符合四个特点：第一，能够用高科技手段使得媒体的表现能力发生根本性的改变；第二，一定是一个分众型的媒体；第三，一定以创造新的时间和空间赢得全新的市场；第四，媒体具有强制性的收视效果。

江南春善于思考，这使得他比别人更为敏锐。一个偶然的聚会，江南春看到电梯门口贴着的小广告，他因此茅塞顿开。他发现电梯口这个地点具有很高的广告价值。电梯口旁的电视广告，就是他心目中成功的新媒体。

没有什么悬念，江南春只用了半年时间，就把显示屏做到了上海的100栋写字楼的电梯口。但是，想要规模化发展，江南春必须借助资本。于是，他想到了融资。

由于江南春的商业模式非常超前，他第一次和软银谈的时候，就从软银拿到了投资。在短短一年内，江南春分别进行了三轮融资，除了软银，高盛和鼎盛也投了大笔钱。

但是，江南春还是和这些私募股权基金签订了对赌协议。

有了各大投资机构的资金，江南春的分众传媒开始了迅速的圈地和抢楼运动，在短短的一年时间内，江南春就把显示屏做到了全国。

2005年，分众传媒上市后的第一天就大涨了20%。上市之后的分众传媒进行了一连串收购，期望以最快速度垄断市场，推高市值。

不过，推动分众传媒迅猛前进的动力并不只是江南春的个人才华，还有私募股权投资基金的资本，而后者的影响力似乎更大。

2007年，江南春为了布局"生活圈媒体"的整体战略，不得不高价收购即将上市的玺诚传媒，从而完成对大型商超卖场的视频广告的覆盖。可是，2008年的时候，玺诚传媒的业绩非常之差，导致江南春不得不重组玺诚传媒的卖场广告业务，而重组的成本必然是不小的。

江南春以资本推进扩张的策略遭到了挫折。最为惨痛的是2009年，分众传媒的市值从86亿美元跌到了6亿美元。短短两年，江南春收购的60多家公司，其中手机广告、互联网广告等16家公司耗资近6亿美元。

很快，江南春转变策略，开始注重公司的可持续发展。他不再看重分众传媒市值的最大化。接下来的几年内，江南春重组、关停或是剥离那些收购来的公司，重新聚焦在楼宇、框架、卖场三大核心主营业务。

同时，分众传媒也专注对生活圈媒体群的打造，从居民小区的框架海报、写字楼的液晶电视，到周六、周日的大卖场和电影院，分众传媒围绕消费者的生活轨迹形成立体组合和无缝化传播，并不断延伸。

2011年，分众传媒的市值得以回升。

江南春之前冒进的本质是什么？毋庸置疑，是资本在追逐利润。分众传媒上市后过于追求股价和资产的不断上涨，致使公司目标发生了根本性的改变。

江南春说过："在与风险投资打交道的过程中，首先是分众逐渐积累起资本运作的经验，为之后公司进一步发展壮大奠定了基础，这些经验在以后的兼并收购中发挥了重要作用。其次，在与资本市场合作的同时，风投方也向分众派出各方面的管理人才，帮助企业成长，这对公司的管理趋向规范化起到了极大的推动作用，使分众从创业的草根公司逐渐地转型为一家较成熟的上市公司。我觉得当走到资本市场之后，有没有长期增长的能力和长期增长的想法，是靠资本手段去增长还是靠自己的价值创造去增长，这是非常需要思考的一点。不能因为在资本市场中实现资本的飞跃和增值，而开始迷恋资本的收获，从而迷失。"

江南春的一番话透彻地道出了私募股权投资基金之于企业的得与失，值得企业家、创业者思考。

第三章

股权投资者必读

理念

路径

投资的风险与管控

01 理念

正确看待股票价格

2015年的上半年,中国股市大幅上涨,中国一度成为名副其实的"亿万富翁工厂",涌现出50位新晋亿万富翁。但经历了一轮动荡后,这50人中仅剩下19人保持住了亿万富翁的地位。可以这样说,中国投资者在动荡的股市中损失惨重。

经历了2015年的大起大落,A股在2016年伊始便迎来了一个相当突兀的开局。一周之内接连发生四次"熔断",这不仅让刚刚推行的股市熔断制度被迫暂停,也把那些对2016的股市充满期待的投资者彻底打懵了。

在这样的情势下,作为一个普通的投资者,无疑是备感压力的。在市场环境并不明朗的情况下,韬光养晦成为不少人的选择。

我们发现，在市场中，人们通常会有一个明显的情绪波动。当股票价格上涨的时候，人们的乐观情绪会多一些，而当股票价格下跌的时候，人们的悲观情绪会多一点。显然，这是一种正当的趋利避害的心理。

人们对价格高的股票趋之若鹜，对于价格低的股票则唯恐避之不及。这样的心态存在大多投资人的心里。

所以，在投资中，人们通常会对价格倾注异乎寻常的关注，仿佛价格成为了人们判断事物的中心标准，这显然是不够理性的。

举一个例子，2011年的股市也许是大多数人都比较失望的，不仅仅大股票不行，小股票也不行。但是，我们看一下2011年的货币供应量M2。较2010年相比，M2的增速只有12.7%。按一般规律来说，M2的合理增速应该大致比名义GDP快2到3个点。而相比于2011年的经济增速，2011年的M2只是一个基本的、能够满足现行经济运行需要的水平，因为2011年通胀水平大概为5%、GDP为9%，加起来有14%，所以，合理的货币供货量M2的增速应该在16%到17%左右，但是，货币增速却只有12%，与合理值差了约5%。

单独看5%，看不出什么门道，但是，这5%是意味深长的。2011年年初的M2存量为70多万亿，市场流动性少了3到4亿。所以，在这样的大背景下，很多东西的价格就开始缩水。

不仅仅是股票价格在下降，连京沪地区的房价也受到了明显的影响，连相对稀缺商品的价格都开始走低。举一个例子，红酒中的拉菲的价格在2011年有了明显的下跌；2011年4月的时候，白银曾经一周下跌了30%，创造了30年来最大的周跌幅。其实，所有在炒作的、不能用于生产的东西，基本上价格趋势都在往下，包括一些古玩、字画、古董。

这个例子说明什么问题呢？那就是当市场货币的流动性收紧时，很多东西的价格自然会下降。所以，所有的价格本质是一种货币现象，钱多了，价格就高了；钱少了，价格也就低了。

投资中影响股价涨跌的因素无穷无尽，但是，最重要的其实就是两点，一个是估值，一个是流动性。估值就是价格相对于价值是便宜了还是贵了，估值决定着股票能够上涨的空间，流动性决定了股市涨跌的时间。所以，流动性的因素一般是我们忽略的。

有人认为股票长期来看不具备投资价值，或者说所谓价值投资在中国行不通，那是因为他把价格看偏了。

比如，2014年，上证指数跌破了2200点，而十多年前，上证指数是2250点。于是，他们就得出结论，市场一直下跌，没有什么希望，所以价值投资在中国行不通。

但是，反过来想，十多年前，上证指数是 2200 多点，一般市盈率大概有 50 多倍，也就是说一只股票如果股价是 5 块钱，那么利润只有大概 1 毛钱，假如利润不增长，50 年才能回本。到了 2014 年，蓝筹的市盈率大概是 10 倍，从盈利收益率的角度来讲就是 10%，很多银行股、蓝筹股的股息率基本和银行的利率差不多。这个时候，投资价值就显示出了。

从上证指数来看，过去十多年都没涨，所以人们认为股票不能买。其实恰恰说明现在的股票价值比十多年前要高得多。十多年前估值很高，现在估值很低，虽然市盈率会由 10 倍变成 8 倍，但是，它的安全性就高得多了。

山姆·沃尔顿是全世界销售额最高的公司沃尔玛的创始人，沃尔玛的利润十分惊人，相当于德国、英国整个国家的经济水平。山姆·沃尔顿能够把零售业做得如此风生水起，并且不逊于高科技和能源行业，有他独特的秘诀。

在投资上，山姆·沃尔顿有一句广为流传的名言：只要你买得便宜，就可以卖得便宜。

这句话用在投资上，可以说是一句醍醐灌顶的话。当投资人普遍追求高价格的股票的时候，却忘记了那些富有潜力的低价格股票才是盈利的利器。而且，只要你买的时候不是太贵，就不用担心卖不出去。

那么，有办法正确地估计股票价格是否具有潜力吗？当然是有的。事实上，中国的大多数行业长期以来都充斥着恶性竞争，都在流行"拼价格"。很多人都知道，中国著名的品牌很少，大家都在做产业链的中低端产品，所以都赚不到什么钱。所以到了2012年，很多原本做实业的人就不做了，因为实业太难做了。

不过，对于投资人来说，这其中蕴含着巨大的机会。

拿空调行业来说，2000年到2005年，空调需求量增速非常快，但是三大空调生产商格力、美的和海尔的股价却表现得不尽如人意，格力股价原地打转，而美的和海尔的股价却跌了三分之一，因为大家都在打"价格战"。

到了2006年以后，空调行业的增速明显降低。但是，这三大空调生产商的股票价格从2006年到2010年都至少涨了10倍。

为什么会这样呢？其实企业之所以能够获得高额利润，根本的原因是企业牢牢抓住了定价权。这三大空调企业在激烈的竞争中脱颖而出，挤掉了大量的空调厂商，最后自然掌握了定价权。这个时候，利润相对来说就变得丰厚多了。这就是投资的机会。

定价权基本产生于具有垄断地位、独特品牌影响力的企业中。高科技行业和资源密集型行业都会有一定的定价权，外人想入行，绝非易事。选择一只具有定价权的企业的股票,是投资人的明智之选。如此一来,投资人就能从简单的股票价格的背后看到企业真正的价值。

逆向投资

约翰·邓普顿是邓普顿集团的创始人,他一直被誉为全球最具智慧以及最受尊崇的投资者之一。福布斯资本家杂志称他为"全球投资之父"及"历史上最成功的基金经理之一"。2006年,他被美国《纽约时报》评选为"20世纪全球十大顶尖基金经理人"。

约翰·邓普顿说过:"要做拍卖会上唯一的出价者。"

邓普顿的投资方法可以被总结为:在大萧条的低点买入,在互联网的高点抛出,并在这两者间游刃有余。或者在全球范围内寻找低价的、长期前景良好的公司作为投资目标。

在20世纪20年代末,美国农场的收入一般非常有限,平均每年大概只有200美元左右。

约翰·邓普顿看到,当时各种商业冒险的失败概率很高,冒险者甚至还会倒霉地丧失其抵押品赎回权。通常情况下,如果农场主人丧失其抵押农场赎回权，其农场就会在温彻斯特小镇广场上被拍卖，由出价最高者获得。

约翰·邓普顿的父亲老哈维的住所的地理位置绝佳，他从窗户里就可以把拍卖会的拍卖过程看得一清二楚。每当拍卖会上没有出价者的时候，老哈维就会从事务所快步下楼来到广场出价，在这种情况下，他通常会以极为低廉的价格买下农场。到了20年代中期，他已经拥有了六处地产。

约翰·邓普顿在幼年时期看到的这一切就像一粒种子，慢慢结出硕果，即日后他最著名的投资方法。数十年之后，约翰·邓普顿的哥哥小哈维将这些以远远低于其实际价值的超低价格购买的地产卖给了商业开发商和房地产开发商，这带来了更多的财富。

约翰·邓普顿的投资被称之为逆向投资。

2012年7月12日，广州宣布汽车限购。限购当天，汽车股票纷纷跳水甚至跌停。之后的半年，市场一直是下跌的，但汽车股票却平均逆市上涨30%。当人们纷纷抛售股票的时候，也许机会就在这里产生。排在世界富翁榜前列的卡尔·伊坎说过："买别人不买的东西，在没人买的时候买。"

不过，某种程度上逆向思维是一种难以学习和复制的东西，它是通过实践慢慢磨练出来的。而运用逆向思维通常是要冒很大风险，充满了不确定性。

当然，逆向投资并非一味与市场作对，市场在大多的时候是对的。但是，市场有的时候也会错得离谱，这就是投资人获得高额利益的机会。

逆向投资是一种非常理性的行为。

通过无数人的经验积累，关于一只下跌的股票是否值得运用逆向思维，我们可以有三点判断。

第一点，看企业的估值是否够低、是否已经过度反映可能的坏消息。一只估值高的股票本身就有很大的下调空间，这样的股票即使发生暴跌，也要谨慎。2011年到2012年，A股中计算机行业的许多备受投资者青睐的股票的估值和预期利润双双腰斩，持续下跌了70%，这就是例证。

第二点，看企业遭遇的问题是否是短期问题、是否是容易解决的问题。

第三点，看企业股价暴跌本身是否会导致公司的基本面进一步恶化。如果该企业股价下跌直接引发债券评级下降以及交易对手追加保证金的要求，这就不适合做逆向投资。像中国银行业，就适合进行逆向投资，因为中国银行业是受政府保护的。

当然，逆向投资也不是灵丹妙药，不是每一个行业都适合做逆向投资。像钢铁等产能过剩行业，就需要谨慎，像计算机这类更新换代快的行业，也不适合做逆向投资。

2011年，在香港上市的台湾饮料和快消品龙头统一食品因塑化剂事件导致股价从 6 月跌至 3.6 元。等到 2012 年，事情过去后，统一食品的股价最高涨到 10.4 元。

所以，对于很多投资人来说，食品行业是一个不错的适合逆向投资的行业。尽管我国的食品安全问题一直非常严重，但是，这其中往往蕴含着逆向投资的机会，尤其是当出现食品安全事件的时候。

当然，这其中也是有技巧的。在出现类似食品安全事件的时候，可以考虑该食品有无替代品，若无替代品，则是一个投资良机。除此之外，该食品安全问题是个企问题还是行业问题、是主动违规问题还是被动违规问题、较为容易解决还是不易解决……这些问题都需要有一个了解，才可以做出恰当的判断。

逆向投资的关键是独立思维，能够在别人一拥而上的时候，保持冷静。对大家都追捧的行业，需要谨慎。对于那些大家都嫌弃的冷门企业，则需要给予适当的关注和研究。

基金公司作为一个整体的行业配置，在一般情况下都是对的，但在极端情况下，也会犯错误。2011 年，银行股下跌了 5%，医药股下跌了 30%。2012 年，银行股上涨了 13%，医药股涨了 6%。两年累计下来，被基金公司低配的银行股大幅度跑赢了被基金公司高配的医药股，2013 年，基金公司把医药股的估值再次提高，但得到的结果还是一样。

2014年，在基金公司的行业配置中，对科技、媒体、通讯以及医药的超配程度达到了十年之最，而对金融、地产的低配程度也达到了十年之最，基金配置基本失衡。

最后要说的是，逆向投资需要具备长远的眼光。任何投资办法都是有缺陷的，而那些运用逆向投资的人一般会犯股票买早了或卖早了的问题。买早了，投资者要熬得住，也就是说投资者需要具备长远的眼光。事实上，没有人能够轻易总是买在最低点，卖在最高点，这需要每个投资者韬光养晦。

实业理念

近几年来，各种新的东西层出不穷，有"互联网＋""互联网思维""共享经济""IP""网红"，还有无人驾驶汽车、智能家居等，这些都受到了政府的直接支持。大家都喜欢新东西，并乐观地认为它们可以很快地颠覆我们的生活。当然，这些新生事物对我们的确产生了重要的影响。

但是，大家是否记得住几年前声势浩大的风电、光伏、LED、电子书、锂电池等新兴行业，它们被千般扶持，但最终都难以成功。而像银行、房地产，无论政府如何打击，依旧都在大把大把地盈利。所以，今天也有不少人对互联网思维不屑一顾，对层出不穷的"互联网＋"表情冷漠。

这背后的原因是什么呢？我们在分析某一事件的时候，常常会用到"现象"和"本质"这两个词。事实上，市场有其内在的经济规律、行业格局、供需和商业模式，这些决定了市场的本质，不以人的意志为转移。我们真正关注的重点是规律性的东西。

对于投资人而言，不要认为市场的变化是没有规律的，"只有永远的现象，没有永远的规律"。只有当你理解经济现象背后的规律，才能立于不败之地。短时间内，事物的本质是不变的。

那么，投资人如何去抓住本质、规律呢？可以设想一下，如果你用自己的钱做实业，那么，你会研究很多具体问题，你会更加珍惜你手里的钱，包括你的投资机会。总而言之，比起投资人而言，你要花费更多的精力，更加地谨慎。那么，投资人花费更多的精力，用做实业的眼光去做投资，用这种方式，投资人就能够更靠近经济规律，这也就是所谓的"实业理念"。

2013年的时候，手机游戏市场是非常火爆的。根据艾瑞咨询的不完全统计，2012年仅在苹果的IOS平台上，就有3883家公司推出的10400款手机游戏软件，如果再加上安卓平台，数量就更加庞大了。不过，在这么多的游戏软件中，月流水过千万的却屈指可数。

手机游戏（包括社交游戏、网页游戏）有一个特点，那就是生命周期短，需要不断更新。几年前，"偷菜"游戏很火，但很快人们就不"偷"了。几年前，"植物大战僵尸"游戏很火，但现在已经很少人玩了。一言以蔽之，手机游戏软件行业危机四伏。这和网络游戏不一样。一款优秀的网络游戏能够在游戏中建立深度的互动的人际关系，具有强大的用户黏性。

如果投资人只是看到某一款或某几款手机游戏获得高额利润，而忽略大多数手游企业的窘境、整个行业的变化以及手游的特性，那么，投资者可能会摔跟头。

除了深入地了解投资项目，判断这是否是一门好生意之外，投资人还需要了解投资对象的商业模式和现金流状况。

从 2013 年开始，电影行业就一直十分火红。中国是世界第一大的电影市场。中国每年会拍摄七百多部电影，有两百部会上映。尤其近年来，中国电影票房屡屡刷新纪录。但是，高票房电影背后的"经济账"并不好看，一部五亿票房的电影，扣除分给院线的一半，再扣除发行费、宣传费，电影制作方能够拿到手的大概只有两个亿。这两个亿再分给编剧、导演、演员等，以及刨除拍摄中的各种成本，制片方的净利润可能只有几千万。

所以，电影行业是非常"烧钱"的行业。稍有风吹草动，大量的投资就可能打水漂。在这个现金流很差、不确定性很高的行业，很少会有人直接拿真金白银做投资。

所以，由于电影行业的商业模式的问题，并不太适合投资人投钱。而房地产的商业模式就适合投资人投钱。从现金流的角度看，地产公司不用花钱，直接做个沙盘就可以对外预售房子了，客户会排着队交钱，而地产公司就用这些钱造房子。

现在是一个企业纷纷"转型升级"的时代，市场上总是会有一些新东西以颠覆性的姿态出现。这需要投资人认识到新兴事物与传统事物的区别，也就是认识到行业的竞争格局和"新旧"公司的比较优势。

比如互联网金融行业。自2013年开始，互联网金融行业开始成为市场热点。因此，许多人就认为，再过十年，传统银行将被互联网银行取代。

事实上，在美国，互联网金融的发展已经非常成熟。通常情况下，一个刚毕业的大学生可以轻松从互联网银行得到贷款。

但是，互联网金融在美国发展十多年了，美国的银行业还是富国、JP摩根等传统银行的天下。而互联网银行却一家家地倒下。除了美国以外，日本、欧洲等发达国家的互联网银行都没有取得成功。

从互联网的本质看，互联网银行服务的大多数是散户，这些散户因为时间成本低、收益高等，而习惯使用互联网银行的产品。

与互联网银行不同的是，传统银行拥有更多数量稳定、交易稳定的大客户。对于大客户而言，他们需要的是更为高端的线下服务，而不是更为便捷的线上服务。这就是互联网银行和传统银行的区别。

除此之外，传统银行在市场份额、资本实力、品牌认知、网点分布等方面的优势，远非互联网银行能比。当然，由于中国的国情较为特殊，未来到底是谁的天下，没有人敢轻易判断。但是就现阶段而言，或者在未来的几十年内，互联网金融和传统金融比，仍然是弱小的。

02 路径

品质问题

在我国竞争激烈的市场环境中,有很多老牌企业轰然倒下,有很多新兴企业飞速成长。但有很多新兴企业只是"潇洒走一回",很快就倒了;而又有不少新兴企业势头强劲,大有颠覆传统行业之能量。显然,投资者面对的是充满不确定因素的、快速变化的市场。

在这样的情况下,企业内在的品质是我们关注的重点。很多人习惯关注投资对象的各种各样的动态,但是对企业的品质却缺乏概念。

那么,企业的品质都体现在哪里呢?对于中小企业来说,企业的管理层可以体现企业的品质,很多中国的上市企业在成长到一定程度的时候,就会因为瓶颈问题而止步不前甚至倒退,这是由于企业的管理人员缺乏足够的眼光和胸襟。对于中小企业来说，人的因素始终是摆在第一位的。

但是，对于大企业来说，情况并非如此。大企业的品质体现在公司的体制和文化上。我国的企业多为家族制企业，家族制企业的缺点在于传到第二代的时候，企业可能就衰弱了。那是因为家族制企业缺乏可持续的体制和文化，这也是许多欧美企业能够长盛不衰的根本。

那么，怎么样具体判断企业的品质呢？

首先，我们要重视行业分析。也就是说，从宏观的判断看，这一家企业所在行业的发展态势。如果某一个行业整体在走下坡路，那么，品质再好的企业也会被拖垮。某些公司的管理层虽然有较高水平，但如果它们处在烂行业，情况也不乐观。中国不少钢铁公司都有很优秀的管理层，产品和技术也是国际水平的，但是由于钢铁行业整体在走下坡路，这些优势并不能改变现状。

说一个例子。1999年，美国《格拉斯－斯蒂格尔法案》被废除，这意味着每个商业银行都可以大举进入投资银行业。当时，花旗银行为了能够顺利买下旅行者和所罗门兄弟公司，花旗银行的CEO桑迪·威尔就去游说国会废除大萧条时期制定的《格拉斯－斯蒂格尔法案》。当花旗等商业银行进入投资银行业后，凭借着资本优势和客户优势，投资银行业的行业格局发生了变化。原本美国投资银行业只有5家公司，现在变成了10家。竞争变得激烈，最后的结果是原有的 5 家为了维持自己的利润，进行盲目的创新，最后导致了美国次贷危机。

还有一点需要注意，那就是对政府扶持的新兴行业保持谨慎。像风电和光伏行业，在 2010 年，由于政府扶持，全国各地就出现了大量的风电和光伏企业，最后的结果是供应过多，导致了产能过剩。政府的扶持可能导致地方主义，阻碍全国统一市场的形成，比如很多地方招标电动公交车，但政府要求企业在当地采购。

事实上大的公司，如苹果、谷歌、百度、阿里巴巴、腾讯、华为等，没有一家是通过政府扶持才成长壮大的。

其次，我们要看企业是否具有定价权。企业的议价权来自其垄断地位，以及它的差异化产品。为什么可口可乐和茅台都容易赚钱呢，自然是它们拥有与市场差异化的产品。

差异化的第一个标志是拥有被追捧的品牌。中国有很多品牌，但真正著名的品牌并不多。

差异化的第二个标志是企业有回头客。用今天的话来说，就是用户黏度高。企业的发展需要稳定的业务、稳定的业绩。企业最需要警惕的情况就是业绩忽高忽低。这说明企业的品牌并未形成。

差异化的第三个标志是单价不高。大家都知道宝马、奔驰比丰田贵，但是全球市值最大的汽车公司却是丰田，而不是宝马和奔驰。当单价较低的时候，用户对单价不会很敏感。单价低的卖家就容易有定价权，也就容易盈利。企业的盈利情况是我们判断企业品质的重要标准。

差异化的第四个标识是转化成本高。如医院更换了医疗设备或耗材，医生就需要用一段时间来适应。毋庸置疑，转化成本越高，越难以替代，客户的黏性就越高，企业的定价权就高。

差异化的第五个标志是高品质的服务网络。如工厂的某一个设备坏了，这势必会影响到生产效率。企业能够用越短的时间修好，企业的品质也就越高。

差异化的第六个标志是先发的优势。毋庸置疑，一家企业做到某一行业的龙头地位，那么别的企业想要超越就会很难。在"赢者通吃"的时代，后发企业几乎不具备任何优势。当然，也有特例，如颠覆性快、技术变化快的高科技行业，由于更新换代过快，很容易失去先发优势。

判断一个企业的品质是否具备投资价值，需要看它所在行业的发展态势、竞争格局，需要看它的企业是否具有定价权。

估值问题

相比于判断一个企业是否具备品质,是否适合投资,估值问题可以说是相对容易把握的。一只股票的价格一目了然,市盈率、市净率、市销率、企业估值倍数等一系列指标也可以帮助投资者得出较为科学的结论。

不过,在很多人眼里,估值问题似乎并不重要。根据 2013 年的行情,5 倍市盈率的股票涨不过 50 倍市盈率的。所以,如果有人再谈估值问题,可能就会被人认为是输在起跑线上了。不过,这种情况是正常的,每几年就会发生一次。

投资者应切记:即使是最正确的投资办法,也不可能年年都有效。一般来说,一个被众人视为所谓的正确的办法,是在 10 年中可以有 6—7 年帮助你跑赢市场;而错误的办法就是在 10 年中只能有 3—4 年能跑赢市场。

所以,聪明的投资者会不断地切换办法,知道什么时候用哪种办法。当然,这是非常困难的。所以,人们热衷找到一种正确的办法,长期地坚持下来,这样一来,即使短期业绩会落后,但长期成功的概率相对较大。

乔尔·格林布拉特说过:"第一,价值投资是有效的;第二,价值投资不是每年都有效的。第二点是第一点的保证。"

世界上不存在每年都有效的投资办法。正因为价值投资并非每年都有效,所以它是长期有效的。如果它每年都有效,未来就不再继续有效。事情就是这么简单。资本市场的波动性保证了不会被套利,如果存在一种稳赚不赔的方法,就一定会被套利。

所以,投资人就必须区分清楚"赌赢了"和"赌对了"这两种情况。在股市中,短期来说,正确的判断可能给你带来糟糕的结果,而错误的判断可能给你带来不错的结果。一种正确的办法能够以较大概率保证你在5—10年中取得一个不错的结果,但如果想要在短时间内取得一个不错的结果,概率则是较低的。

那么,投资分析有哪些基本的工具呢?

第一,波特五力分析。它需要投资者不要孤立地看待某一只股票,而要把一个公司放在行业的上下游产业链和行业格局的大背景中分析。需要重点搞清楚公司对上下游的议价权、与竞争对手的比较优势、行业对潜在进入者的门槛。

第二,杜邦分析。它需要投资者弄清公司过去5年依靠什么商业模式赚钱,是通过高利润、高周转还是高杠杆。然后要看公司的战略规划,包括公司的团队管理模式等是否与其商业模式一致。如果企业是高利润模式的,就需要对它的广告收入、研发投入、产品定位、差异化营销深入分析,看是否合理有效。高周转模式主要看企业的运营管理能力、渠道管控能力、成本控制能力。高杠杆模式主要看企业的风险控制能力、融资成本高低等。

第三,估值分析。通过同业横比和历史纵比,加上市值与未来成长空间比,在显著被低估的时候买入。

从这三个方面入手,则可以找到较为优质的股票。

投资人一般喜欢做价值投资。有很多人会认同巴菲特说的这句话:宁可用合理的价格买一个伟大的公司,也不要以很低的价格买一个一般的公司。

如此一来,估值问题似乎又变得无关紧要了。

但是,想要判断一家公司是否是伟大的公司,几乎是不太可能的,因为你需要在这家公司没有被人们广泛认为伟大之前发现它。如果这家公司已经变成伟大的公司,那么,你还是失败的。

彼得·林奇说过:"当有人告诉你'A 公司是下一个 B 公司'的时候,第一要把 A 卖掉,第二把 B 也卖掉。因为第一,A 永远也不会成为 B;第二,B 已经被当成成功的代名词,说明它的优点已经体现在现在的股价中了。

2000 年,纳斯达克泡沫到达高峰后,很多被公认为"划时代"的"伟大"的公司不是破产了,就是衰败了。即使像微软和英特尔那样的公司,自 2000 后,股票也变得不尽如人意,没有超额收益了。要知道在 2000 年,它们占有

70%—80%的市场份额。

所以，巴菲特的那句话并不一定适合所有的投资者。而且，就中国的市场环境而言，伟大的公司屈指可数。所以，在绝大多数公司只是普通公司的大环境下，必须强调估值问题。

投资讲性价比，所以不能轻易为普通公司付太贵的钱，不能轻易地被不切实际的概念忽悠，一定要对企业的利润、现金流和资产做充分的了解。成熟的投资人即便资金比较雄厚，也一般会坚持不付过高的估值，不买过贵的股票。

现在，很多投资人对传统行业很冷漠。但是，通过分析估值，哪怕是垃圾也是有价值的。

美国钢铁是美国最老的钢铁公司，可以说是真正的"夕阳产业"。美国的钢铁产量在1973年的时候就已经见顶了。2002年，它的两倍市盈率在许多人看来已经是奄奄一息了。但是，令人意想不到的是，从2003年到2008年，这只股票竟然翻了20倍，而且持续上涨了6年之久。

如果你在美国做价值投资，有时不得不买一些品质一般的公司，因为价值投资总是要买低估值的东西，而美国是一个定价相对合理的国家。那些低估值的东西，在很多人看来是一堆垃圾而已。但是事实证明，低估值的"垃圾"

也可以是黄金。事实证明，低估值的公司的长期回报率显著高于那些高估值的"成长股"。

时机问题

老话说，天时地利人和。说明时机的重要性。相对而言，估值有一套科学方法。而时机则像艺术，只可意会，难以言传。国外的研究表明，判别一个人有没有选时能力需要 54 年。由于选时是一个二选一的涨跌问题，那么，要判断一个选时正确的人是因为能力还是运气，则需要积累很多年的数据。

当然，很多人会试图"以历史为鉴"，从历史股价走势中总结出各种选时的规律。当然，这些行动都有"事后诸葛亮"的嫌疑。他们依靠事前无法判断、事后十分清晰的主观图形，例如数浪，A 浪、B 浪、第几大浪、第几小浪在事前都是模棱两可的，而事后是一览无余的。

还有一些试图依靠客观指标，比如突破一定的百分比就是反转信号，移动平均线交叉就是交易信号等。但是，这显然不实用。

还有人试图依靠技术指标判断市场方向，根据这些指标进行波段操作和及时止损来控制下行风险。但是，作为投资者，你很难具备这种选时能力。

彼得·林奇曾经说过:"如果你每年花10分钟在宏观分析上,你就浪费了10分钟。"

所以,对于大多数人而言,正确地对待选时的困难是有必要的。显然,将更多的时间和精力花费在这方面是得不偿失的。从时间耗费的投入产出比的角度看,对于一个公司的基本面而言,假如你研究了3个月,这肯定比一个研究3天的人认识要深。但是,假如你在一张K线图上花了3个月计算各种指标,也不见得能比一个看了几秒钟K线图的人更准确。

在投资人中,总会有人感慨自己错过了一只几十倍的牛股,卖得太早了,又因为回避了某只股票20%的调整而沾沾自喜。这说明短期选时和长期投资在更多的时候是冲突的。

密歇根大学金融学教授内贾特·赛亨对1926—2004年美国市场指数进行研究后发现,不到1%的交易日贡献了96%的市场回报。对于长期投资者来说,这说明长期投资是对的,这样才能保证那1%的日子出现时你有持股。段线选时者则说,这说明波段操作是对的,因为其他99%的日子里你根本就不需要有仓位。

可以看到,同样的数据,出发点不同就会产生不同的解读。两种观点的分歧在于,这1%的交易日是否事前可预知。

对于那些强调基本面的人来说，短期选时由于难度太大而被边缘，从统计学上说，最低点或最高点的成交量占全年的成交量的比例极少，通过短期选时精确地"抄底"或"逃顶"实在是非常罕见。

如果把"低"和"顶"在价格上看成区间、在时间上看成时段，用更长期的眼光看问题就会简单很多。

那么，有什么办法呢？

在世界各国的股市历史中，市场估值是长期均值回归的。所以，第一种办法是看估值。例如，美国长期市盈率中值都在15倍左右。低估值时高仓位，高估值时低仓位。长期坚持下来，一定会获得超额收益。这是一种办法。

还有的办法就是根据对市场情绪的把握和逆向思考进行分析。其实，长期选时如果能避免追涨杀跌，也可能成功。

一位基金大师曾经说过，从选时的成功率来看，"死多头"和"死空头"的正确率长期看各有50%，因为人们易在暴涨后乐观，在暴跌后悲观，结果常常是高点高仓位、低点低仓位。

我们只要观察一下A股公募基金的平均仓位，就会发现仓位最高点出现在2007年6000点，仓位最低点出现在2008年1664点。所以才会有这样的说法：当公募基金平均仓位达到88%以上，一般都是市场阶段性见顶的信号。这就是所谓的"88魔咒"。

能成功选时的人总是极少的。因此，对大多人而言，只要估值掌握好，把基本面分析好，长期来看投资回报就不会差。因为在基本面的分析中，我们可以看到那些本质性、规律性的分析，而不是简单的短期经营情况。

比如，对于大多数公司而言，管理层的重要性十分明显。那么，对管理层的素质和道德水平的分析，可以使投资人增强对管理层的深入了解；从管理层对行业的认知和相关行业的实际趋势的对比中，我们也可以把握企业的发展态势；对管理层的执行力的分析，我们可以看到企业内部的管理生态。

总体上而言，A股市场过去10年的趋势是越来越重视基本面，越来越重视估值。随着QFII（合格的境外机构投资者）的进入，这一趋势只会得到加强。

03
投资的风险与管控

价值陷阱和成长陷阱

选股票，要么选价值股，要么选成长股。

美银美林对 1926 年以来美国成长股与价值股的投资回报率进行对比研究，近 90 年来，价值股平均年度回报率为 17.0%，成长股平均年度回报 12.8%。从数据上看，差别并不是很大。

不管是价值股，还是成长股，都有一些明显的陷阱。投资人需要对价值股和成长股的陷阱有一个清晰的认识。

对于价值投资者来说，一般是找到便宜的好公司，买入并持有，直到股价不再便宜，或者发现公司的品质不再持续的时候卖出，获得收益。

所以，对于价值投资者来说，最为需要重视的或许是一句简单的话，那就是坚持就是胜利。但是，如果坚持了不该坚持的，风险不可谓不大。

当然，盲目坚持是需要避免的。有五类股票是容易让人陷入价值陷阱的，盲目坚持的风险会非常大。

这五个价值陷阱需要避免。这些股票即使再便宜也不应该购买。这些股票都有一个共性，那就是利润不可持续。

第一个陷阱是买那些容易被技术进步淘汰的公司的股票。这类股票未来的利润很可能会彻底消失，最著名的例子就是柯达。数码相机发明后，柯达的股价从 2000 年前的 90 元一路狂跌，到了 2014 年，只有 3 元多。柯达的衰败告诉我们，即使市盈率再低也要警惕。这是标准的价值陷阱。

第二个陷阱是买那些赢家通吃行业里的小公司的股票。在今天这个全球化和互联网的时代，很多行业的集中度大大提高，行业的龙头企业无论在品牌、渠道、客户黏度、成本等方面都具有强大的优势。所以，业内的小公司的股票即使再便宜，也是价值陷阱。

第三个陷阱是买那些夕阳行业里的公司的股票。夕阳行业意味着行业需求不再增长。夕阳行业有两个明显的特点：第一个特点是重资产。在需求无法增长的情况下，产能就无法退出，如果退出的话，投入的资产就可能作废，进退两难。第二特点是分散，由于供过于求，可能导致行业出现无序竞争以及价格战。所以，当这类公司的股票价格很便宜的时候，可能是一个假象，因为它的利润是不可持续的。

第四个陷阱是买处于景气顶点的周期股。在经济扩张的晚期，即使是低市盈率的周期股也是价值陷阱。所以，周期股优势可以参考市净率和市销率等估值指标，在高市盈率的时候买入，在低市盈率的时候卖出。除此以外，买卖周期股不必结合自上而下的宏观分析，不能只靠自下而上选择股票。

第五个陷阱买那些有会计欺诈记录和行为的公司的股票。

只有避开这些价值陷阱，价值投资者才能变得更加轻松，更加接近成功。

说了价值股陷阱。那么，成功股陷阱，也就是成长陷阱有哪一些呢？

首先，对于不少投资者来说，买股票就是买预期，买未来。所以，成长股颇受人们青睐。但是，许多历史数据说明，高估值的成长股的回报率还是不及低估值的股票。所以，成长股的陷阱更为常见。

第一个陷阱是估值陷阱，即估值过高。一句话很适合这一陷阱，那就是：期望越大，失望越大。一旦成长预期不能实现，估值和盈利预期的双杀往往会导致惨烈的结局。

第二个陷阱是技术路径陷阱。成长股常见于新兴行业，这些行业常常会发生不同的技术标准的竞争。这些技术标准的竞争，外人是难以深入了解的，即使是行业的专家,也不能预测。技术标准的竞争结果往往导致一家独大,一旦选择出错,投资者的投入也就打了水漂。这类成长股风险极大。

第三个陷阱是增长陷阱。特别是在互联网行业,企业越做越大,但是利润一直止步不前。事实上,这类企业是用烧钱、送钱的手段强撑起来的。还有一种情况用大量的现金投入以快速扩张,但是这可能导致资金链断裂,最后破产。

第四个陷阱是多元化陷阱。有的成长股为了达到高增长率,盲目地多元化,导致公司定位模糊。为了短期效益,公司偏离了长期目标。企业多元化应该以互补多元化和相关多元化为标准。但是,还是有很多企业出现方向性错误。

第五个陷阱是行业陷阱。有的行业是有行业门槛的,原有企业具有很强的先发优势,后来企业很难追赶上。但是,还有的行业却是没有行业门槛的,对于后者则需要谨慎。在后一种行业中,即使产生非常成功的企业,但是这种企业会很快引来大量的模仿者。蜂拥而入的后来者会使得原有市场十分混乱。团购就是例子,在某些年份,一年之内就能够产生3000多家团购网站。所以,对于低门槛行业的成功企业的股票也要警惕。

第六个陷阱是新产品陷阱。当市场成功推出一款新产品的时候,往往会获得巨大的成功。但是,风险与机遇并存。新产品的投入成本是巨大的,而收益则是不确定的。而成长股要想成长，就必须不断推出新产品。容易陷入新产品陷阱的首推科技股和医药股。

第七个陷阱是"寄生"企业陷阱。有的中小企业之所以能够快速发展，是因为它寄生在大企业身上，是搭着大企业的"顺风车"的，其命运掌握在大企业手里。这些企业多为大企业提供低端零部件等。这些缺乏核心竞争力和议价权的企业在某些时候可能出现股票大涨的情况，但显然是成长陷阱。

第八个陷阱是"老牌"企业陷阱。老牌企业有时候也会受到很多人喜欢。但是，一些老牌企业实际上已经过了成长的黄金期。尽管它们的估值可能还是很高，因为人们可能还是很期待它们创造奇迹。这类企业可能是成长陷阱。

第九个陷阱是企业数据陷阱。和价值股的情况一样，总是有一部分企业为实现目的而不择手段。他们会编造出虚假的数据。为了防止上当受骗，需要重视企业的会计造假问题。

风险与底线

投资有风险，入市需谨慎。这是很多人常常挂着嘴边的。投资不可能不承担风险。但是，有人往往能够从风险之中获利。事实上，我们可以把"风险"

一词加以分析。风险当然是需要避免的,但是,有的风险则需要投资者有足够的胆量迎难而上。

首先,我们要分清楚什么是真实的风险,风险一般有两种,一种是真实的风险,一种是不真实的、让人感觉像真实的风险。

就像我们乘坐飞机,事实上乘坐飞机出行的风险极低,出事的概率只有在 600 万分之一,但人们还是感觉到乘坐飞机要冒很大的风险。所以,人们更喜欢乘坐汽车出行,但是,实际上,相同距离内,乘坐汽车的死亡率是乘坐飞机的 60 多倍。所以,有时候我们不能把感觉当真。

举一个例子,当股市不断上涨到 6000 点的时候,大家都会很乐观,认为是挣大钱的机会。但是,这时的股市正酝酿着暴跌的巨大风险。而当股票暴跌到 2000 点的时候,多数人开始悲观,感到强烈的风险,不过,这正是风险最低的时候。

所以,真实的风险与简单的数据无关。感觉上的风险也往往需要注意,因为它们不是真实的风险。

其次,要识别暴露的风险和隐藏的风险。

美国"911"事件发生后,人们往往不敢坐飞机,其实,"911"后的 10 年是美国航空史上最安全的 10 年。不幸的是,"911"之后的数月,高速公路上发生车祸的死亡人数比往年增加了 1500 人。

1987 年 10 月的某天，美国股市狂跌 23%。其中，高盛的风险套利部门损失惨重。但是，就在这种情况下，高盛的董事长罗伯特·罗宾却乐观地和团队说："公司对你们充满信心，如果你们想加仓，就去做吧。"罗伯特·罗宾之所以这么自信，就是因为他认识到了"高风险"后的"低风险"。而高盛的竞争对手所罗门美邦则解雇了它的风险套利部门的所有员工。如今，所罗门美邦已经倒下，而高盛则屹立不倒。

这两个例子充分说明一句古话：祸兮福所倚。能够识别已经暴露的风险和隐藏的风险是投资人必备的素质。

最后，要区分价格波动的风险和本金永久性丧失的风险。就像前文提到的，当股市不断涨到 6000 点的时候，人们非常乐观，但是这时就充满了本金永久性丧失的风险。而当股市在 2000 点的时候，价格波动的风险很大，但本金永久性丧失的风险很小。

很多人涨了就满仓，跌了就清仓。人们为什么会在股市低点的时候清仓呢？除了缺乏区分能力以外，还由于底部往往是市场波动最剧烈的时候，大多数投资者承担波动风险的能力非常之弱，并且认为本金永久性丧失的风险很大。"低点低仓位，高点高仓位"就是这样来的。

从本质上来说，许多人潜意识里把买入成本看得太过重要了。一般会发生两种极端情况。一种是成本线上，一旦出现风吹草动，就会锁定利益；在成本线下，打死也不卖。另一种是成本线上非常激进，对赚到的一点也不心疼；成本线下又非常保守，觉得亏了一分钱也很难受。

很大程度上，投资者应该忘掉成本因素。这是成功投资的关键一步。因为成本高低与股票的走势并不相关，无需将精力花费在成本上。有的人在某种股票上亏了钱，就总是想从这只股票上赚回来，这就是一个典型的被成本因素"套牢"的行为。

那么，除了识别风险以外，还需要具备管理风险的能力。管控风险的办法就是寻找那些有安全边际的公司。

这些公司有几个特点。

第一，盈利点很多。有一个段子，说豆腐做硬了就是豆腐干，做稀了就是豆腐脑，做薄了是豆腐皮，做没了是豆浆，而臭了就是臭豆腐。所以，一个有安全边际的公司有多种盈利的条件。比如，国内市场不盈利，国外市场盈利。高端产品不盈利，中低端产品盈利……总而言之，东边不亮西边亮。

第二，低估值。低估值是安全边际的重要来源。当估值低到足以反映大多数可能的坏情况，未来低于预期的可能性就会变得很小。而且，低估值还是获得低风险高回报的最佳途径。假设估值5块钱的公司，2.5块买入，即使是后来发现了主观上对公司的估值出现了偏差，但是，由于买入价格低，亏损的可能性也较小。

第三，价值易估，不具有反身性。通常来说，具有安全边际的公司业务简单，价值易估，不具有反身性。所谓反身性，就是指股价下跌对公司基本面有负面影响，容易形成自我强化的恶性循环。

很多人对价值投资还是非常迷恋。这里也有几个基本条件需要遵循，才能控制风险。

第一，所买的公司的内在价值应该相对容易确定。那些和我们的生活息息相关的、并且商业模式简单的公司的未来盈利增长通常非常稳定，所以它的内在价值很容易被确定。巴菲特最成功的投资大多在日常消费品领域。有不少公司未来的现金流几乎是不可预测的，所以很难对它们的内在价值进行估测。比如，在矿产领域，一个矿山的储量是容易查到的，但是至于什么时候能挖出，挖出后的价格等问题基本是不能估测的。这个时候，人们通常会跟着趋势走，也就是顺着相应的金属价格做投资，而忽略这个矿山的内在价值。

第二，公司的内在价值和股票价格相对独立。有一些公司一旦股票暴跌，则会直接影响到公司业务的正常开展。这些公司是需要警惕的。但像著名的可口可乐和宝洁等公司，即使股价跳水，也不影响他们与对冲基金展开业务合作。

第三，合适的市场阶段。一般来说，牛市的上半场往往更加适合价值投资者。到了牛市下半场，许多价值投资者就会选择清仓。

第四，合理的投资期限。在我们的现实生活中，价格偏离价值是一种常态，而价格回归到价值往往需要非常漫长的等待。而价值投资实现收益的前提条件是股票价格会向其内在价值靠拢。所以，价值投资者一般会选择一个较长的投资期限。

投资心理学

一般来说，投资人的心理作用会直接或间接地影响购买股票。

在巴菲特的老师，被誉为"现代证券分析之父""华尔街教父"的格雷厄姆看来，正是无数投资者的热情导致市场的非理性，无论价格被高估或被低估，在很大程度上都取决于人们的心理状况。为了更形象地描述市场的这种非理性行为，他创造出了"市场先生"，以帮助投资者认清市场的多变。

他在自己的著作中写道："让我们设想一下，我们拥有某家公司的股票，其中有一位和蔼可亲但行为却非常疯狂的合伙人，我们称其为市场先生，他每天会根据自己从睡床的哪一边起来或是根据影响深刻的梦境甚至于某种难以名状的恐惧感来为股票设定一个价格。他会在这个价位上买光我们的股份或卖给我们更多。在大多数时间里，我们对他的行为都没有太多关注，只有经过特别审慎的研究之后，确信自己和这位市场先生知道得一样多时，我们才能确定他所提供的价格是否太高或是太低。"

所以，投资与心理的关系是非常值得关注的。任何一个出色的投资家都是出色的心理学家，有某种洞悉人们心理的直觉或天赋，这让他们拥有"先知先觉"的能力，在多变的市场里比别人快走一步。

以下这些心理误区是需要避免的。

第一，盲目跟风。投资者的跟风心理对市场影响很大。有这种心理的投资者，看见纷纷买入或卖出时深恐落后，于是也匆忙买入或卖出。在跟风心理的作用下，一旦发生某件突发事件，股价就会剧烈波动。

第二，举棋不定。有这种投资心理的投资人，在买卖某只股票前，原本制订了计划，考虑好了投资策略，但受到他人的"羊群心理"的影响时，一有风吹草动，就不能实施自己的投资方案。

第三，偏见心理。投资者潜意识里会把原有估价当成参照的标准，而实际上，一只股票便宜与否，看估值比看近期涨跌更可靠。基本面大幅超预期时可越涨越便宜，反之可越跌越贵。

第四，欲望无止境。投资人想获取投资收益是理所当然的，但不可太贪心，有时候，投资者的失败就是由于过分贪心造成的。空头、多头都能赚钱，唯有贪心不能赚。所以劝君莫贪心，不要老是羡慕他人的幸运，应相信分析，相信自己对企业、经济形势以及大势的判断而果断行动。

第五，把股票市场当赌场。市场不是赌场，不要赌气，不要昏头，要分析风险，建立投资计划。

第六，犹豫不决，贻误战机。一些投资人事先已经定好了投资计划和策略，但步入现实的某种货币市场时，却被外界的环境所左右。错误地分析形势和错过买卖时机，这两种错误是密切相关的。正由于错误地估计了形势，投资者往往会坐失良机。

除此之外，还要明白：世事变迁，牛熊交替，前一年正确的做法在下一年可能是不合时宜的。

第七，敢输不敢赢。请记住，进入股市，首先应当自信。当然也不能认为自己完全有能力预测公司的未来成长性，变得自负。

第八，不必要的恐慌。作为投资者，要在不利消息面前保持镇定，有的投资者往往容易对新闻标题做出过度反应。要仔细分析消息的可靠性。倘若证明确有其事的话，还要看这种消息所产生的影响是长久性的，还是暂时的。

有的人还得了"亏损厌恶症"。简单说，夸大亏损，始终认为"1万元亏损带来的痛苦是1万元盈利带来的喜悦的两倍"。

人们还喜欢在脑袋中把钱分成不同部分（如买房的钱和投资教育的钱），而投资人最常见的心理是把钱分为本钱和赚来的钱，并且对这两部分的钱体现出非常不同的风险偏好，因而无形中把买入成本作为决策依据之一，以至于成本受到威胁时，失去理性。

第九，漠不关心。有些投资者买入某只股票以后，就不闻不问，听其自然发展下去。有时甚至全权委托自己的亲朋好友或经纪人操作，自己很少介入。不珍惜已拥有的，对未到手的则有过于美好的想象。这种做法在股市处于上涨的情况下，还可以赚点钱；如果是处在下跌的趋势中，必然会血本无归。

第十，怕输心理。大多数人常先有结论，再找论据，而对反面的论据视而不见，思维上会变得不客观。或者，把过去的增长过度外推到未来，把不可持续当做可持续。

还有，对自己的正确决策印象深刻，对自己的错误却记忆模糊。在投资过程中，大多数人对持有的牛股都津津乐道，对踩过的地雷却避而不谈，不吸取经验教训，这样会严重阻碍投资水平的提高。粗略统计，股市中能从自己的教训中吸取经验的人实为罕见。

在充满竞争、充满风险的股票市场里，既没有常胜的将军，也没有常败的士兵。关键是要随着某种市场行情的变化，采取灵活应对的策略。

未来的投资

投资无止境。对于那些积极进取的人来说，风险无处不在。某种程度上来说，未来的变化才是投资者最大的风险。所以，洞悉未来，方能无忧。

过去十年，中国依靠劳动力成本、环保成本、土地成本、资源和能源成本以及人民币汇率等优势赢得了越来越大的国际经济贸易的市场份额。但是，谁都很清楚，这将是不可持续的。成本优势将在今后的5—10年大幅度削弱，乃至完全丧失。

在未来的十年内，我们的内在经济增长速度将可能大幅度降低。由于成本的上升，今后的通胀也会比现在高。

从投资和出口来说，成本大幅度上升后，今后十年的贸易顺差不可能再提高太多。

从消费来看，由于我国的收入分配体系改革还有待进一步完善，期望消费能够起到多大的作用，是不太现实的。

从投资来看，投资中的40%都是工业投资，但是在中国淘汰落后产能的大背景下，想要依靠工业投资拉动经济增长不太现实。

除了这些以外，基建投资和房地产投资还算给力，但如果只剩下这两项，中国的经济出路并不明朗。

传统的"三驾马车"的优势不明显后，中国正在大力推进经济转型升级，但是，这显然不是一朝一夕的事情。

在这样的大背景下，今天5—10年的投资思路应该是什么呢？

第一，股票还是比债券好。

随着通胀率的提高，债券投资的收益不仅仅难以保持，而且可能亏损。但是对于有定价权的股票来说，实现利润的增长并不难。这些股票在12倍的估值下买入比债券更有吸引力。同时，因为工业投资热度下降，实体经济对资本的需求相应减少，剩余流动性反而会更好。

第二，从商业模式上看，高利润的模式是优于高周转的模式的，而有定价权的公司则优于有成本优势的公司。

按一般来说，看一个企业是否具有核心竞争力，需要看它的资源优势、技术优势、品牌优势、寡头垄断优势、规模优势和成本优势。但是，在中国的大环境下，企业的资源优势和技术优势并不稳定。在未来的低增长、高通胀的新常态下，成本优势、高周转优势、规模优势都将不再明显。

第三，价值股优于成长股。

新常态对成长型公司是不利的。原因很简单，当经济低迷的时候，企业的创新投入会减少很多。

第四章

资本困局

资本困局
互联网金融
资本的未来

01
资本困局

信贷之伤

中国经济瞬息万变，传统企业在衰变，大企业在裂变，小企业在聚变，大众创业、人人创客时代强势来临。按照现在的变化速度，未来三年，所有的商业逻辑可能都将摧毁重建，所有的传统企业都将从头再来。

中国正在打造"创业型"经济，而打造"创业型"经济，其重要手段就是实行 IPO 注册制。这种注册制度将"资本思维"和"股权投资"两者有效地结合起来，从而达到意想不到的经济增长效果。

国家要求每一家崭新的企业必须按照上市公司的标准去发展，只要有好的想法和创意，只要敢于创新，就可以第一时间拿到资本市场进行大众融资、发行股票。然后时刻对接投资方、投行等金融市场，利用资本增长方式去发展，这就是"资本思维",而能够参与这种创业型项目的人,就是拿到了原始股权,这就是"股权投资"。

无论是股权激励、股权融资、股权投资,背后都是资本在运作。所以,一个企业家或创业者只了解股权概念是不够的。了解近几年的中国的资本市场的现状、金融的创新以及资本的未来变化,是每一个企业家或创业者的必修课。

首先说的是银行的困局。事情还要从2009年说起,为了应对全球金融危机,中国政府提出了4万亿救市计划,信贷扩张达到了数十亿元。

银行的客户经理被布置了贷款任务,而且必须完成。未完成任务,客户经理就追着客户放贷。这是那个时期的特殊现象。

2009年,中国金融市场上演了一出闹剧:中国钢贸融资事件。

在银行的主动放贷下,一家原来只有几千万贷款的钢贸企业,贷款额急剧飙升到两亿。当然,银行也不是"冤大头"。

钢贸企业一般要付给炼钢厂的钱,直接由银行垫付,等到销售完成,收回钱了,再还给银行。银行制定的放贷的条件则是:利率高,保证金高,贷款变成存款放在银行,也增加了存款量,银行利润暴涨。

一般来说,贷款者是欠人钱,理应感到压力重重。但是,这次情况不一样。因为钢贸老板曾经说过:"要不是银行主动找上门来,我们这些小学都没毕业的人怎么可能想到银行贷款？"

银行有很大的盈利空间，但是，前所未有的贷款都流向了钢贸企业。以至于很多钢贸老板都突破了贷款只做钢材生意的限制。他们的钢贸企业变成了融资平台，从银行贷款的钱被投向房地产、矿业……总而言之，想干什么就干什么！

同时，人们开始投资扩大钢贸市场，到处兴建新市场。这催生了人才的需求。这些钢贸老板多为福建周宁县人。以至于在银行的人看来，周宁县的人就等于钢贸老板。于是，这些福建的钢贸老板回到家乡叫了一大批20出头的年轻人，这些年轻人被"揠苗助长"成"新一代的钢贸商"。

但是，年轻人面对大量的金钱的诱惑，难以抵挡。他们把大笔大笔的钱花在了买宝马、劳斯莱斯、宾利、玛莎拉蒂、法拉利上了。一时间，各大钢贸市场的停车场上豪车云集。

可是，好景不长。2012年3月9日，螺纹钢的价格从5300元/吨猛跌到3300元/吨，钢贸市场迎来了滑铁卢。

事实上，钢贸企业变身融资平台的事情，银行是知道的，但是这并没有让银行产生足够的警惕。

当时，两件事情让银行真正地感到了危机。第一件事情就是钢材价格猛跌。

第二件事情是房地产调控等政策让用钢企业的还款周期进一步延伸，导致钢贸企业的资金链变得十分紧张。

银行为了保证资金安全，实行了一系列措施，包括要求钢贸企业买来的钢必须放在银行许可的仓库，凭借银行的单据出货。但是，银行在钢贸市场是外行，总是被钢贸企业耍得团团转。2011年的时候，上海用于质押的螺纹钢是库存的2.79倍。

银行最终发现大事不妙，立即收缩贷款。以往热情的客户经理变成了钢贸老板讨厌的追债主。

2012年，银行收贷力度变得越来越大，钢贸企业就像被套上了绞索，日薄西山。曾经热闹的钢贸市场变得一片萧条。上海的浦东新区法院在2013年受理了钢贸类纠纷案件2500起。

这个例子充分地反映了银行的信贷危机。更准确地说，是国有银行的信贷危机。

那么，民间担保借贷的情况又是怎么样的呢？事实上，民间担保借贷的情况同样不容乐观。

以浙江为例，2012年7月末，一场巨大的信用危机使得一大批民营企业处于破产的边缘，结果是600家浙江民营企业的老板共同签了一份请求信，要求浙江省政府成立专门小组处理这次因银行抽贷引发的民营企业资金链危机，还要求省政府出面和银行方面协调暂停抽贷。

为什么会出现这样的现象呢？有几个原因。

第一，浙江的金融机构非常之多，在国内数一数二。由于浙江企业盈利性强，贷款质量很高，很少有坏账，所以银行为了盈利甚至忽略风险控制。这使浙江企业能够轻松获得大量的信贷资源。

第二，大量的信贷资源催生了大量的投机。由于土地、房产等固定资产升值很快，以至于大量的企业不再专心经营实业，那些不缺钱的企业也去贷款买房、拿地。

第三，随着房地产行业的泡沫化，大量企业的资金链断裂，导致银行抽贷。

浙江的信用危机是一个典型的例子，它传递了一个清晰的道理，即善用资本者胜，恶用资本者亡。

资本的盲目扩张

企业需要迅速扩张，资本是最有力的推动工具。中国经济的巨轮造就了大批善用资本的企业。但是，资本扩张也可能给企业以巨大的冲击。在我国，这样的例子并不少见。

随着中国经济进入了下行期或调整期，由于资本的扩张所埋下的巨大隐患暴露无遗。

江苏熔盛曾经是民营造船界的领军企业。但是，熔盛的信贷危机毁掉了一切。2013年7月3日，熔盛陷入裁员和银行压贷的双重困境。当时，银行已经对熔盛采取强硬措施。据一位银行人士透露："据说，国开行果断压缩短期流动贷款6.5亿元。"这又是银行抽贷的案例。

2008年，在地方政府财政税收补贴、银行信贷大力支持下，成立不足两年的熔盛重工高速扩张。熔盛重工在民营造船厂中脱颖而出，从2009年到2010年，熔盛重工在手订单从数十条激增到近100条。

2010年后，熔盛重工又获得多笔高额授信，其中中国进出口银行与中国银行两笔高额授信达到创纪录的500亿元。

但是，快速扩张的熔盛还是被资本俘获了。一位银行人士说："张志熔一手地产一手造船，都是资本密集型企业，两个企业间没有关联度和互补性，如此快的发展也违背了产业本身的规律。"

据熔盛集团旗下核心公司熔盛重工有限公司财报显示，2008年、2009年、2010年，发行人资产负债率分别为85.02%、76.38%和71.13%。截至2012

年3月末，熔盛重工负债合计254.8亿元，资产负债率攀升至75.83%。

可想而知，不合理的负债结构一旦遭遇产业下行压力，熔盛重工资金链的压力可想而知。

熔盛重工由此引起监管部门和商业银行的高度关注，从2012年开始，多家银行就开始了大规模的回收贷款和压缩贷款的行动。2012年，熔盛重工还发生实际控制人张志熔涉嫌内幕交易等丑闻，导致银行顺周期收贷行为强化。有人透露："银行在一年内贷款100多亿，然后又在一年内将其压缩了100亿元。"

熔盛的信贷危机背后是经济高速发展下人们对财富的浮躁和狂热。但是，熔盛并非一个特例。

2014年，有一个在银行圈里广泛流传的"十不贷"原则：山西的煤矿江苏的光，上海的纸铜河北的钢，央企商票民企的仓，转口套利定德的场，打折房贷昨日梦想，商业地产城市暮光。

首当其冲的就是山西的煤矿。而在2014年，山西煤炭企业发生一场严重的信贷危机。

山西省最大的民营煤矿集团是联盛集团。联盛集团的创始人兼董事长是邢利斌。2002年，联盛成立。联盛通过不断收购国有煤矿成长壮大。2003年起，焦煤价格飙升，联盛的利润成倍增长。2005年，联盛的固定资产已经达到了63亿元。

由于收购煤矿需要大量资金，这使邢利斌开始谋划上市。2008年5月，联盛成功上市。2008年5月，H股上市公司福山电源以总代价105.3亿港元收购了刑利斌的多个煤矿。邢利斌持有卖方56.92%的股权，并获得近24亿港元的现金和超过6亿股的福山能源股份。

2008年9月，山西省颁布了《关于加快推进煤炭企业兼并重组的实施意见》，煤炭企业的整合提上了议事日程。恰是此时，中央的4万亿让煤炭行业的发展和整合进入了新的高潮。几乎所有煤炭企业都在快速扩张，联盛也是其中一员。

2009年，邢利斌跻身胡润能源富豪榜第22位。邢利斌一直有一个梦想，那就是要把联盛打造成煤焦企业航空母舰。所以，他还是很不满足。

2009年后，他将触角伸到了教育、房地产、农业、焦化、水泥、电力、物流等其他七大领域。同年，联盛与华润电力共同成立华润联盛能源投资有限公司。华润联盛斥资70亿元在中阳、交口、兴县、临县、孝义等县市收购矿井39对，整合后形成13对主体矿井。联盛的实力得到进一步加强，2012年，联盛的煤炭产量达到3000万吨，是整个江西省煤炭产量的1/30。从这以后，联盛的扩张更加疯狂。

联盛的疯狂扩张的背后就是资本的力量。据新闻报道，联盛除了获得银行融资外，在信托方面也表现活跃。联盛近年通过信托融资规模83.61亿元。除了利用集合信托之外，联盛还有巨额融资通过单一信托实现。

不过，2013年9月，联盛的两笔信托相继延期，联盛的还款压力开始暴露。

同年，煤炭行业由于整体产能过剩进入冬日。联盛由盛转衰。2012年3月，邢利斌7000万高调嫁女。山西省领导感到不满，便把原计划拨给联盛农业两个亿的项目补贴取消了。

这个事件的影响是连锁性的。2012年年底，联盛的债务危机已经出现。联盛的信托再次出现延期。同时，多家银行也无法从联盛要到贷款。就这样，银行开始停止向联盛贷款，并要求联盛尽快偿还逾期未还的贷款以及巨额的利息。2013年8月，媒体曝出联盛负债100%的丑闻，银行就彻底慌了。在银行联手施压下，联盛的资金链彻底断裂。

联盛事件后来波及山西整个煤炭行业，引发了山西煤炭企业的信用危机。

从熔盛、联盛的案例，可以看见资本扩张对企业造成的冲击，也折射出资本在这个时代的困境。

从这些企业的快速发展中，可以看见同样的问题：过高的负债率；全然不顾基本的金融风险常识；对政府和政策红利过度依赖；盲目扩张；盲目多元化。

影子银行

自从2013年起，除了银行，中国金融市场上出现了各种类型的理财机构。一时间，证券、基金、保险、第三方理财机构、互联网金融平台、信托、私人银行推出了数以万计的令人眼花缭乱的理财产品。

许多老板可能常常会参加这样的会议，会上一般会出现一个理财师，理财师在台上说着类似这样的例子，说某某老板上个月投资了300万，如今已经升值了50%！然后，台下的部分老板纷纷要投资理财。

从中我们可以看到民间对投资理财的狂热。

但就在这些爆炸式增长的理财产品的背后，蕴含着巨大的风险。

举一个例子。张先生于2013年去银行存了一笔大额存款，该银行的一位客户经理非常热情地为他推荐了一款理财产品。这款理财产品的回报率高达8%，而且这位客户经理言辞凿凿地说会确保收益、没有风险。

但是，张先生也是资深的银行从业人员。于是，他很好奇地问这款产品背后的基础资产和标的物是什么？该客户经理却答不上来。客户经理只是反复强调这款理财产品非常好卖，总限额50亿元，已经卖出了大半。

张先生知道如果银行能够给投资人8%的收益，这个基础资产所产生的总收益一定在10%以上，甚至可能超过15%。

那么，如此高收益的基础资产究竟是什么呢？在张先生的一再追问之下，该经理找到了负责产品设计的产品经理。

从该产品经理口中得知：原来这款产品是由某地方政府连同当地的几个房地产开发商一起搞的城市建设项目。该项目需要大量的资金。于是，地方政府的城市投资建设平台出面融资。该融资项目以开发项目的在建工程为抵押，连同这些房地产开发商发行的中期融资票据，形成了一个组合标的。这个组合标的从若干银行那里获取融资后，又经过该当地政府旗下的信托公司发行信托理财，再由该地方政府下属的一家国有担保公司提供风险担保，然后再通过与信托公司合作的银行销售。

这是一个典型的结构化理财产品。背后的标的物是一个透明度非常低，又处于产能过剩、国家宏观调控的高风险领域。这样一个复杂的、高风险的资产，经过地方政府、银行、信托、担保等机构参与和组合，一转身就变成了高收益、保本保息的理财产品。

张先生所遭遇的理财产品只是数以万计的理财产品中的一个而已。根据银监会的数据，截至2013年9月，中国银行业理财产品余额达到近10万亿元。然而，这也只是中国的理财市场的冰山一角。而这些看似美好实则有毒的理财，一旦发生风险，恐怕不是社会能够轻易承受的。

究竟是什么造成中国的理财市场如此火爆呢？

第一，普通老百姓盲目追求理财收益。在物价持续上涨、通货膨胀进一步恶化的大背景下，老百姓对于保值增值的愿望非常强烈。对于资本高收益的追求，使得对金融知识极度缺乏的老百姓贸然进入良莠不齐的理财市场。

第二，民营企业迫切需要融资。有相当一部分民营企业因为缺乏抵押物，财务报表不规范而得不到银行的融资。而且，由于中国的整体信用环境较差，银行也不愿冒风险。最后的结果是，相当一部分企业不得不进入民间借贷市场，而民间借贷市场一直存在监管空白的问题，存在着巨大的信贷风险。

第三，银行推波助澜。除了为了满足人们对理财产品日益增长的需求以外，银行可以通过理财渠道来规避监管对信贷的各种限制，来满足其对信贷扩张的需求。

这些理财产品的背后是一个巨大的影子银行，由于缺乏透明度和有效监管，存在着相当大的隐患。在各种原因的推动下，许多理财产品为了追逐高收益而流入高风险的行业与领域,例如房地产等行业。

在中国,理财不是存款,风险是由投资人承担,不受银行存款法规保护。在资本利益的狂热冲动下,不少企业家打着第三方理财的幌子,非法集资并用于高利贷、炒房地产或其他各种金融套利行为。一旦风险出现,资金链断裂,造成的社会危害性不可谓不小。

2011年2月1日,中诚信托发行了"诚至金开1号矿产信托计划"。根据相关资料披露,信托计划募集的30亿元资金是用于山西振富能源集团有限公司的煤矿收购价款、技改投入、洗煤厂建设等,期限是36个月,到期回购,预期收益率9.5%—11%。

一年后,山西煤炭行业遭遇危机。2012年5月11日,山西振富能源集团有限公司实际控制人王平彦涉嫌非法吸取公众存款罪被起诉,于是,整个集团的资金链开始崩溃,与之对应的信托计划的兑换风险开始显示。

2014年1月15日,中诚信托发布报告称,鉴于振富能源集团的实际控制人王于锁、王平彦,振富能源公司未按期足额支付股权维持费,亦未提前支付股权转让价款,信托计划涉及的白家峁煤矿的整合方案尚未获得批复,信托财产在1月31日前变现存在不确定性。

这其实是一个典型的影子银行曲线放贷模式。中诚信托发布公告后,市场弥漫着紧张的气氛。该信托计划的托管行与代销行工商银行率先表示，它们只是代销机构。而中诚信托方面则表示，该客户是工行的信贷客户，是工行推荐给他们的，中诚信托只是通道。

1月27日，中诚信托发布公告称，已与"诚至金开1号"信托计划的意向者达成一致。这意味着中诚信托的30亿元的危机可能已经找到接盘方。一场备受国内外关注的金融事件也暂告段落。

中国的商业银行有一个奇怪的现象，那就是缺钱。一方面是银行缺钱，股市缺钱，中小企业缺钱；但另一方面却是，货币的供应量充裕，不少大型企业依然出手阔绰，大量购买银行理财产品，游资仍在寻找炒作的概念，民间借贷依旧风风火火。一位资深人士一针见血地指出："钱都到了杠杆业务和影子银行上了。"

02 互联网金融

吃螃蟹的马云

在这个"互联网+"时代,互联网金融融合传统金融业务和互联网技术,现已成新兴金融服务形态。如今,在"互联网+"时代,金融投资形式和投资品种的多样化,为投资者带来了不可预估的机遇。

随着移动互联网、智能手机的普及,人们的生活方式发生了很大的变化,大家的碎片化时间越来越多。

据中国互联网信息中心发布第35次调查报告显示,截至2014年年底中国手机网民规模达5.57亿,网民中使用手机上网人群占比由2013年的81%提升至85.8%,另根据Statista机构预计,在2013年至2017年,移动支付市场将以年复合增长率32.3%的速度增长,预计在2017年达7010亿美元。

互联网凭借着高效率、低成本以及更好的客户体验，对传统金融领域进行了最为猛烈的冲击。

要说互联网企业对金融领域的渗透还要回溯到20世纪80年代，那时比尔·盖茨说了一句震惊世界的话："如果传统银行不改变，就会成为21世纪一群将要灭亡的恐龙。"

1998年12月，美国的第三方网络支付工具PayPal创立。2002年2月，PayPal成功上市，并被当时全球最大的电子商务平台eBay以15亿美元收购。PayPal以提供便捷的安全的网络支付服务为基础，通过产品创新、并购以及其他合作手段奠定了其在网络支付领域的领导地位，目前是全球最大的在线支付公司之一。

截至2012年年底，PayPal的业务发布在全球190个国家和地区，用户超过了1.28亿人。

和比尔·盖茨一样，在中国，马云也说了一句震惊中国银行家的话："如果银行不改变，我们就改变银行。"而事实上，他做到了。

从2010年开始，越来越多的中国互联网企业开始涉足金融服务，对传统商业银行进行了全方位的渗透。

它们基本遵循着这样的轨迹：

第一，凭借电子商务平台引进互联网支付工具，从而进入银行传统的支付领域。

第二，在积累大量客户、交易数据和资金后，进军融资领域，并使得平台转变成为一个专业的开放的融资平台。

第三，在支付与融资的基础之上，向企业和个人提供金融产品。

第四，平台最终成为综合的金融平台，实质上成为一个互联网运营的商业银行。

马云的蚂蚁金融服务集团就是佼佼者。

2004 年，马云率先推出第三方网络支付工具——支付宝。借助电子商务平台，支付宝成功地解决了网络买卖双方的信任问题。通过不断创新和推出其他金融产品，不断满足客户的金融需求，支付宝从而打开了一片全新的市场，这是传统商业银行没有做到的。

在积累了大量的客户和交易数据后，马云于 2010 年推出了阿里小贷平台，成功进入被传统银行一直垄断的融资领域。

2013 年，阿里小贷已经积累 70 万客户，发放贷款 1800 余亿元，不良率不足 1%。而贷款年利率通常在 15% 以上，远超商业银行的 7%—8% 的利率水平。

随着支付宝和阿里小贷的巨大成功，阿里巴巴的电商平台也扶摇直上，并累计了大量黏度极高的客户群、庞大的交易数据以及沉淀的交易资金。

2013 年，马云又推出余额宝，从而开启网络理财的新时代。余额宝诞生当年的交易规模就突破了 4000 亿元，并拥有超过 8300 万的客户，一跃成为全球第三大货币市场基金。

马云在金融领域的成功也是中国互联网金融的缩影。事实上，互联网金融在中国的成长速度、规模以及延伸出来的形态已经远超美国。各种互联网金融模式以前所未有的效率和速度冲击着中国传统银行的传统业务。

根据腾讯 2013 年的报道，互联网金融在中国的规模已达到 10 万亿，第三方支付规模 9 万亿，P2P 网贷规模 600 亿。短短一年内，互联网金融已经成为中国金融领域无法忽略的力量。

争议

2013 年，可以说是互联网金融爆发的元年。马云的余额宝成功阻击了传统商业银行。一时间，媒体开始铺天盖地地报道。

这时，中国的银行家们沉不住气了。他们就像睡醒的狮子，发出了捕猎的怒吼声。2014年2月28日，上海商报头版头条，大幅标题赫然写着：银行出手反击"来犯之敌"余额宝。

报道这样描述：被余额宝抢了大量活期存款的银行不再沉默，开始展开"保卫战"。近日，中国银行业协会发出建议称，要把余额宝类的互联网货币基金纳入一般性存款而非同业存款，计缴存款准备金，同时，提前支取罚息。

而工行、农行也已经要求由总行统筹跟支付宝类公司建立单独账户，并统一定价，各分行、各部门不能直接定价。

中国银行业协会的建议如果被监管机构采纳，那么，互联网理财产品对接的货币基金将被拉回到与银行活期存款一样的起跑线上。互联网理财产品的年化高收益率将可能失去。

有业内人士对此的解读是，如果中国银行业协会的建议被落实，表明监管机构对货币基金迅速扩张已经十分担忧。

有分析师表示，把互联网货币基金单列出来本身就缺乏依据。互联网货币基金和传统货币基金性质上没有任何不同。在没有清晰定义互联网货币基金之前，这个建议没有任何操作性。

这时，银行内部对余额宝也充满了议论的声音。某国有银行人士接受采访表示，余额宝对银行存款业务确有影响，存款出现明显流失。不过，一些大资金客户还是比较担心余额宝的安全问题，毕竟其投资的货币基金是随着市场利率波动的。一旦出现大额赎回，亏本也不是不可能的。

有股份制银行的高管表示，倘若互联网金融货币基金存放银行存款纳入一般性存款，则需要计算货存比、需要上缴央行备付金、一般性存款利率最高只能上浮10%，这些举措都会限制互联网基金的发展速度。

不仅仅是银行人士在着急，那些银行外部的社会人士也表达了自己的担忧，有极端的时事评论员竟然说："余额宝是趴在银行身上的吸血鬼，是典型的金融寄生虫，应该予以取缔。"

闹哄哄的讨论和争议过后，人们终于发现余额宝只不过是一个在互联网销售的货币市场基金。支付宝平台上沉淀了大量结算基金，出于监管的需要，马云为了避免支付大量的存款准备金，需要给这些资金寻找出路。于是，马云联手天弘基金，将这些资金以货币市场基金的方式来做投资。

货币市场基金在市场上已经存在了20多年，余额宝之所以能够引起那么多的争议，最根本的原因是余额宝太火爆了，突然间就把银行的活期存款给抢走了。

2014年7月，余额宝推出"星计划"现金管理增值服务，把矛头直指银行的企业现金管理领域，计划将400家50亿以上规模的企业的流动资金从银行的存款频道纳入其基金理财体系。通过这一计划，可以提高企业资金的使用效率，盘活企业资金链条的每一个环节。

余额宝的胃口越来越大了，而银行、基金的反击也不可避免了。

它们首先做的是仿效，顷刻间，市场上出现了以"宝"字命名的各种模仿产品。这些产品的线下销售并不成功，于是又转到线上销售。但是，截至2014年3月，在互联网上销售的货币市场基金产品达到30只，规模达到了1万亿，而余额宝一家独大，占了40%以上。

余额宝在多方的责难中成功壮大，这也是其他互联网金融产品成功的缩影。

互联网金融为什么能成功

互联网金融之所以能够在夹缝中生存并壮大，有它的独特优势。从支付宝的成功，可以总结出四点基本规律。

第一点，对于目标客户的大数据掌握和风险分析。实现全面地了解客户发展动态、贷信状况和资金流，从而破解了融资过程中信息不对称的难题。

第二点，借助电子商务平台，参与目标客户每一笔真实交易的过程，并针对每一笔真实的交易提供相对应的融资。

第三点，电子商务平台所形成的强大控制力与威慑力，导致任何违约或逾期都会成为信用污点，甚至进入黑名单。

第四点，通过支付宝这样的结算工具来控制还款来源，实现资金的封闭化管理。

管理大师德鲁克曾经说过："未来企业的竞争是商业模式的竞争。"那么，互联网金融也有五种商业模式的创新。

第一种，支付结算的创新。

支付结算是银行最为传统的业务。从百年前就已诞生，发展到现在，可以说银行在支付结算领域已经相当成熟。在科技方面，传统银行的科技手段与支付清算系统已经能够做到实时清算、联通全球。相比较而言，第三方网络支付工具在科技手段上比传统线下支付工具高不了多少。但是，电子商务平台却为客户带去了很好的客户体验。而且，随着移动互联网的普及，基于移动终端的电子商务平台以及与之配套的移动支付结算工具对客户来说充满了想象力，而这是一片空白区域，银行并未触及。

例如，2012年，苹果公司与万事达卡合作，联手推出基于NFC技术的手机支付业务。腾讯推出基于二维码的支付，阿里巴巴推出"声波当面付""亲密付"等付款方式以其便利性、用户体验感和高科技征服了客户。移动支付的新科技层出不穷，银行在这方面完全是落后的。

第二种，融资货款的创新。首先是阿里巴巴阿里小贷、阿里一达和京东京保贝。它们为其电子商务平台的上下游客户提供基于真实贸易背景的融资，以此带动平台上的贸易结算与交易。本质是贸易和供应链融资。其次，像京东白条与虚拟信用卡这样的消费信贷。还有互联网借贷平台，像P2P和众筹。

第三种是存款的创新。即以余额宝为代表的理财产品，借助互联网支付结算工具，任何闲钱都可以被轻松地投入方便高效的理财行列中。

第四种是金融信息服务的创新。比如像阿里聚宝盆一样的基于互联网和云计算的金融平台系统服务商。比如提供基于互联网的金融产品销售平台。这一类平台的核心是"搜索＋比价"的模式，采用的是金融产品垂直比价的方式。目前，针对信贷、理财、保险、P2P等细分行业分布，互联网金融门户领域已经有了融360、挖财等众多公司。这些互联网金融并不承担任何风险，它们并不负责金融产品的实际销售，无论是资金流动还是交易签约都不通过门户。

第五种是货币的创新。

在互联网时代，各种形态的互联网货币层出不穷。它们突破了传统银行体系下，央行是货币的唯一发行与创造者的局限。

它们的形态可以是各种网络游戏、社交网络和网络虚拟世界等网络社区中出现的虚拟货币。最著名的就是腾讯 Q 币了，还有新浪微币、魔兽世界的 G 币等。

它们的形态也可以是比特币。比特币的流通数量一度达到 1100 万，总值达到 20 多亿。它们最初是用在与社区相关的应用程序、虚拟商品和服务有关的交易上，后来发展出更为复杂的市场机制，并被广泛接受。

这些货币不具备法偿性和强制性等货币属性，不是真正上意义的货币。但是，在互联网和电子商务的推动下，这些虚拟货币凭借平台信用，融合虚拟信用卡等个人信用工具，已经成为互联网不可分割的一部分。

这些金融领域的商业模式的创新直指传统银行的弊端和不足，击中了用户的痛点。这是它们取得成功的根本原因。

P2P 网贷

2013 年，互联网金融中最为风光是余额宝。而 2014 年，最夺人眼球的就是 P2P 网贷。

P2P 网贷，是互联网金融的一种。意思是：点对点。即不同的网络节点之间的小额借贷交易（一般指个人），需要借助电子商务专业网络平台帮助借贷双方确立借贷关系并完成相关交易手续。借款者可自行发布借款信息，包括金额、利息、还款方式和时间，自行决定借出金额实现自助式借款。

2005 年 3 月，全球首家网贷公司英国 Zopa 成立。作为一家基于互联网的借贷中介，它在发布贷款项目信息的同时，也提供一系列的增长服务。

2006 年，美国第一家网贷公司 Prosper 成立，会员超过了 150 万，累计借贷额达到 4.08 亿美元。它是一个纯粹平台中介模式。

2007 年，Lending Club 成立。它采用了网贷和社交平台相结合的模式，并使用脸谱等社区网络以及在线社区把出资人和借贷人聚合。Lending Club 十分成功，2014 年年度的贷款总额已经超过 40 亿美元。同年，Lending Club 在纽交所上市，创下了 85 亿美元的市值。Lending Club 的成功为全球 P2P 网贷公司树立了标杆。

国外 P2P 网贷搞得风生水起，中国的 P2P 网贷也十分火爆。

2007 年，中国第一家网贷平台拍拍贷成立。2013 年，它已经拥有 200 万注册用户，线上交易突破了 10 亿元，较 2012 年增长 4 倍。

根据担保方式的不同，P2P 网贷被分为两种，一种是无担保模式，一种是有担保模式。无担保模式，网络平台不履行任何担保责任。而有担保模式，一方面要对出资人的资金提供安全保障，另一方面也重视贷后的管理。前者的代表是拍拍贷，后者的代表是人人贷。

人人贷于 2010 年成立，到 2013 年，人人贷的平台成交量达到了 16 亿元，增长 340%，注册用户达到了 50 万户。

根据线上、线下经营模式的不同，又分为纯线上模式和线上、线下相结合的 O2O 模式。

不久，部分传统银行也进入 P2P 网贷领域。比如，齐商银行的"齐乐融融 E"、平安集团的"陆金所"、民生银行的"民生易贷"、国开金融的"开鑫贷"，等等。

但是，在 P2P 网贷光彩的背后，也有极为不光彩的一面，2014 年短短的一年内，中国冒出了数千家 P2P 公司，同时又有数百家关门跑路，截至 2014 年 12 月，出现提现困难、倒闭、跑路等问题的 P2P 平台达 338 家。这使众多的投资者尤其是一些老人的资金打了水漂，造成了极为恶劣的社会影响。

到了 2015 年，P2P 的跑路风波并未偃旗息鼓，反倒是愈演愈烈。据网贷之家数据，2015 年上半年，问题平台高达 419 家，是去年同期的 7.5 倍，跑路占比约 48%。2015 年 10 月上旬，网络上盛传一份 P2P 问题平台名单，有 677 家之多，涉及问题有提现困难、诈骗跑路、平台倒闭、老板失联、经侦介入等，其中跑路的有 360 多家。

一时间，P2P 网贷被冠以"庞氏骗局""非法集资红线""骗贷"等极不光彩的名字，人人谈之色变。

事实上，相比于美国模式，中国的 P2P 网贷的草根色彩极浓。在中国的 P2P 平台出现的融资项目，大多都是银行等传统金融渠道无法融资的、而且风险极高的项目，而美国正好相反。所以，P2P 网贷之所以能够火爆，原因还是融资供需不平衡。

P2P 卖的是一个信贷资产，而信贷资产是具有巨大风险的，同时，P2P 则完全游离在监管之外。

首先，借款人的信用风险与欺诈风险；其次是平台的操作风险；最后是担保公司的风险。这些风险无法得到有效的监控，再遇到并不健全的信用体系，P2P 网贷风险频发，乱象丛生，也就顺理成章了。

但是，在市场不成熟、普通人投资理念普遍幼稚的情况下，P2P 网贷的各种风险也不能完全由投资人来承担。行业监管和法律保障迫在眉睫。

在这样的情况下，有人也许会担心P2P这一金融模式会不会一蹶不振呢？尽管P2P网贷备受诟病，可是2015年全国P2P网贷成交额还是突破万亿，达到11805.65亿，同比增长258.62%，这说明投资人对P2P网贷是有着强烈的需求的。

2015年12月28日，《网络借贷信息中介机构业务活动管理暂行办法（征求意见稿）》实行，其中最为关键的条款明确了网络借贷平台信息中介的性质。

国家对中介平台的定位规定了网贷平台需要遵守不得自融、不得设立资金池、不得提供担保、不得股票配资等要求，还需注意的是，该定位也使得对P2P企业无须设置资金门槛，因为不是信用中介也就无须有门槛限制，同时也打破了刚性兑付，即平台不承担借贷产生的本息损失，由出借人自行承担。平台如果进入破产清算，出借人与借款人的资金分别属于出借人与借款人，不列入清算财产。网贷意见稿所列出的12条"禁止清单"已明确P2P网贷行业的业务界限。

当然，众筹网贷的创新并未停止。2014年9月22日，由中新力合股份有限公司承销的宁波市鄞州丰茂水利工程有限公司2014年私募债券在支付宝旗下的招财宝成功开售。首期产品募集金额是1000万，取得了2小时22分钟售罄的成绩。这一模式在全国尚属首例。相比于通过传统银行和券商融资，互联网具有低成本和高效率的优势。

P2P 网贷始终要解决的两个问题是：谁来卖（渠道问题）和卖的是好货还是劣质货（产品问题）？这一案例充分解决了这两个问题，招财宝是渠道，产品是中新力合为宁波市鄞州丰茂水利工程有限公司所发行的私募债以及配套的担保公司或银行所提供的风险控制与信用担保。只有拥有优质的渠道和产品，P2P 网贷才能真正成为中国金融体系当之无愧的新生力量。

跨界金融

2011 年 11 月 17 日，马云宣布以一达通 2011 年利润的 20 倍收购一达通。马云为什么要花这么高额的价钱收购一家公司呢？一达通是一家什么样的公司呢？

一达通是深圳的一家为中小企业出口做代理报关的服务型企业，一达通不生产任何产品，业务涉及通关、商检、物流、银行、保险、退税、融资等所有外贸服务环节。

2012 年 11 月 23 日，《中国证券报》有这样一则新闻报道，新闻标题是"外贸 B2B 变身影子银行，或冲击金融格局"。文章立即引起热议。

在一达通开发金融业务的半年时间后，它的出口排名就上升了81位。据海关信息网数据显示：2012年上半年我国一般贸易出口企业百强榜中，华为排名第一，一达通名列第13位，而2011年一达通排名尚属94位。

在外贸形势的变化下，外贸小企业缺乏金融服务是他们在海外竞争所要面临的最大门槛，而传统银行在这一块始终无法跟进。于是，一达通就做起了本应由银行该做的金融放贷业务，而且越做越大，规模和盈利甚至超过了主业，公司八成盈利都来自金融业务，包括保险、外汇结算、融资等，在风控和效率上面也做得比传统银行要好得多。

那么，一达通的资金是从哪里来的呢？据公司负责人透露，一达通从银行借贷，再零售给小外贸企业。2014年，一达通从中国银行深圳分行获得的贷款达8亿多元。2015年的授信额度则高达40亿元。

由于从银行获得的资金成本低廉，一达通可以以10%—18%的年利率把贷款再零售给小外贸企业，从中赚取差价。对于小企业而言，它们通过一达通平台获得融资品种包括退税融资、赊销融资、订单融资等，基本涵盖了外贸环节所需的金融服务，而且成本低于其他小额贷款公司。

2014年，一达通共有8000多家小企业客户，实际发生的外贸业务有6000多家，其中30%—40%需要贸易融资。

如此大的市场，为什么传统银行不能做呢？对此，某银行人士表示，小外贸企业的核心风险在于虚假贸易，而银行劣势在于不参与贸易，风控成本太高。

一达通作为中介平台代办企业的报关、物流、收取定金、催收贷款、退税等业务，除了生产，小企业的整个外贸过程中的物流、资金流、信息流等都能控制在一达通手里，还有大量历史交易数据可查，从而实现了有效的风险控制。即使是这家外贸企业最终倒闭了，但是只要这笔贸易还存在，就不会出现大的坏账。

据一达通提供的数据，一达通发放的贷款最小额度为几万元人民币，最大的单笔为100万元人民币，平均周期在两个月左右。银行只需要把贷款拨给一达通，就能实现对一两百个小企业的放款。2014年，一达通贷款余额共8亿多元，坏账仅为几十万元。

回到《中国证券报》的新闻报道，当媒体对此议论纷纷，而监管当局考虑是否吊销其营业执照、以影子银行来处理的时候，马云慷慨地收购了一达通。由此，一个被称为"影子银行"的供应链管理公司，拥有了阿里巴巴的金融管理牌照。

同年，阿里巴巴和一达通宣布布局外贸"Work@Alibaba"平台，为中小企业提供全程服务。2011年5月，阿里一达通宣布建立新的营销模式，针对阿里巴巴出口通客户和中国供应商，在深圳对接。

2012年，双方联合推出"一达通数据服务"，全国首创第三方数据认证平台。同年，阿里一达通推出阿里巴巴出口通、一达通"双通合体1＋1"补贴项目，为阿里巴巴中国供应商会员提供免费进出口服务。

在深圳，像一达通这样的公司并不少，比如怡亚通，怡亚通将这一模式从出口做到进口，从境内做到境外，并成功上市。

这些公司共同的特点是：提供的服务早已从传统的进出口报关代理、仓储物流管理、采购分销管理、电子商务平台延伸到了金融领域。通过传统的物流报关服务（这项服务最终将会免费），获取客户群和大数据，并在此基础之上推出供应链金融这样的增值服务，并获取收益。

阿里巴巴在互联网金融做得风生水起。京东也不甘人后。从2012年进入互联网金融领域，到2013年成立金融集团，再到2014年在美国纳斯达克上市，市值近300亿美金。旗下的金融产品有京保贝、京东白条、京东8.8、京东小金库、京东P2P等。

其中，京保贝是一个针对供应商的供应链融资产品；京东白条是针对买家消费者的一个分期付款的消费金融产品；京东小金库是一个和余额宝同等性质的理财产品。

京东在传统电商的外衣下,正在建构以电商、互联网金融、物流业务、技术平台等为一体的新经济帝国。在互联网金融领域,京东有向卖家提供的小额信贷、联保信贷、流水贷款、票据兑现、应收账款融资等金融服务,还有向个人提供的消费信贷、P2P等金融服务。所以,与其说京东是一个电商公司,不如说它更是一家银行、一家跨界的互联网大数据金融集团。

2014年9月29日,阿里巴巴获得银监会批准,正式筹集浙江网商银行。没多久,腾讯也启动了完全基于互联网的微众银行。

据银监会介绍,阿里银行与微众银行的特色为:第一,小存小贷模式,设置了存款贷上限,特色清楚,符合差异化经营导向;第二,网络银行模式,利用互联网技术开展银行业务,客户来自电商和互联网平台。

可以预见,由跨界金融为突破口的互联网金融帝国已经横空出世。

03 资本的未来

民营商业银行

2013年6月19日,李克强总理主持召开国务院常务会议,研究部署支持经济结构调整和转型升级的政策措施,提出探索设民间资本发起的自担风险的民营银行。

7月5日,国务院下发《关于金融支持经济结构调整和转型升级的指导意见》。文件指出,为了扩大民间资本进入金融业,尝试由民间资本发起设立自担风险的民营银行、金融租赁公司和消费金融公司等金融机构。一个月内,从国务院常务会议到国务院办公厅文件,两度提出"尝试由民间资本发起设立自担风险的民营银行"。

9月29日,银监会发布通知,表示支持符合条件的民营资本在上海自贸区内设立自担风险的民营银行。

2014年1月6日,银监会召开2014年全国银行业监管工作电视电话会议,部署全年工作。下午,银监会官方网站发布的新闻稿透露,备受关注的民营银行将在2014年试点先行,首批试点3—5家,实行有限牌照。会议提出了2014年银行业监管工作的四项重点:深入推进银行业改革开放、切实防范和化解金融风险隐患、努力提升金融服务水平、加强党的领导和队伍建设。

2014年7月25日,银监会主席尚福林在银监会2014年上半年全国银行业监督管理工作会议上披露,银监会已正式批准三家民营银行的筹建申请。这三家民营银行分别是:腾讯、百业源、立业为主发起人,在广东省深圳市设立深圳前海微众银行;正泰、华峰为主发起人,在浙江省温州市设立温州民商银行,以及华北、麦购为主发起人,在天津市设立天津金城银行,获批的三家民营银行在发起人、经营方向略有变化。

2015年5月27日,浙江网商银行各项准备工作就绪,并获浙江银监局正式批复开业。至此,我国首批试点的5家民营银行全部拿到"通行证"。天津金城银行、深圳微众银行、上海华瑞银行、温州民商银行和浙江网商银行是我国首批试点的民营银行。前4家银行此前已经拿到监管部门的开业批复。

银行业对民营资本的开发使民间各路资本对成立民营银行跃跃欲试,当时众多网友调侃说:"阿猫阿狗都在开银行。"

很多企业家抱着很简单的想法。一方面,行业垄断造成行业暴利。当他们看到这一巨大的政策红利,迫不及待地想要大捞一把。另一方面,他们希望自己控股的银行可以成为自己实业的融资平台和钱袋子。

不过,他们并没有对开银行的风险有一个清晰的认识。首先,金融具有系统性和复杂性的特点,对资本的持续投入要求很高。其次,随着民营银行遍地开花,竞争激烈,利润很快会被摊薄。再次,银行作为一个吸收公众存款的机构,监管机构对银行关联交易严格制约,根本谈不上为自己谋利。最后,作为没有接受任何金融产品培训与银行从业经验的跨界企业家,通过开银行发展致富的成功率是很低的。

而具有互联网金融背景的民营银行的机会则大得多。互联网金融一般有三个组成部分,分别是互联网平台系统(负责将产业链上下游串在一起,提供大数据,实现物流、信息流、资金流)、在线风控系统(负责对融资交易提供系统化的风险评估与避险担保方式)、在线融资平台(负责提供资金并对接金融产品)。

传统银行业发展至今,所形成的线下静态的风控体系与监管制度是其强大的优势,只有实现在线风控系统的更高的风险溢价与互联网平台的高效率才能真正突破传统银行的不足。

除此之外,互联网金融对传统金融的确造成了巨大的冲击,大大改善了效率、用户体验等诸多方面。但是,要实现本质的飞跃还是需要具有强大的金融产品研发和风险控制能力。而且,互联网金融需要结合特定行业的专业度,形成某一行业的专家,在这方面,阿里、京东是电商行业的金融专家。深圳一达通则是供应链管理行业的金融专家。所以,民营银行需要将其行业专业度,以及将产业链供应链上下游的资源与大数据这一核心竞争力转化为高效率的风控与交易体系,走行业专业化路线。而且,民营银行还需要打通直接对接资本市场的通道,形成资金杠杆。

这里的资本市场既有民间资本市场,也有行业间同业拆借市场以及各种类型的股权债券交易市场。

中国目前的传统金融资本市场还处在一个高度管制的阶段。存贷款尚未完全市场化,很多领域都处在严格审批、限制准入的状态,如资产证券化、IPO、企业债、金融衍生品等。民间资本和互联网金融在发展初期是通过民间理财市场获取一部分资金的,但最后一定要参与到正规的资本市场中去,才能获得足够的资金。

在这方面,阿里巴巴的经验是值得借鉴的。

阿里巴巴的第一步是通过银行贷款获取资金，给自己平台上的中小企业做融资。京东、一达通在发展初期也是这样的模式。但是，这可能会迅速增加企业的负债率，从而降低企业的信用评级以及进一步融资的能力。

阿里巴巴的第二步是与银行合作，一起向自己平台上的客户提供融资资金。但是也有缺点，传统银行的风控体系、监管要求和操作效率根本无法满足互联网平台模式的需要。比如，平台要求银行在收到电子指令后即刻放款，但是银行则需要平台提供纸质的交易文档做备案等。

阿里巴巴的第三步是搭建一个端到端的金融生态圈。一方面，阿里巴巴通过自己的金融平台，比如蚂蚁金服直接发放贷款，产生金融资产。另一方面，阿里巴巴，通过资产证券化等方式将这些信贷资产在正规的金融资本市场上募资销售，或是通过自己的P2P互联网理财平台，比如招财宝向民间资本市场获得资金，以及通过IPO从股权市场上募集更多的资金。

毋庸置疑，作为新的趋势，民营商业银行的发展必将在未来影响我们的生活。

产融结合

我们在前文提到了深圳一达通,一达通的成功是借助了它在实业领域的行业专业度、大数据以及互联网科技带来的高效率。同时,一达通是产融结合的一个典型。

在"互联网+"的推动下,必然会带动传统银行的深度变革,使之加速与实业做更好的融合。纵观世界五百强,突破企业传统财务管理的边界而全面进入金融领域并取得产融结合的巨大成功的企业集团并不少见。它们在金融领域的布局能够借助全球金融资本服务其主业,从而达到以产带融、以融促产、产融结合的战略目标。

一达通的模式是"供应链管理+供应链金融"。而美国卡特彼勒公司的模式是"设备制造+设备融资租赁"模式。

美国卡特彼勒公司成立于1925年,卡特彼勒公司总部位于美国伊利诺州,是世界上最大的工程机械和矿山设备生产厂家、燃气发动机和工业用燃气轮机生产厂家之一,也是世界上最大的柴油机厂家之一。

卡特彼勒有稳健雄厚的金融实力——能够为适应客户未来需要的产品开发计划提供充足资金,为代理商和客户提供金融服务,并为股东带来丰厚的回报。

1983年，卡特彼勒通过其全资子公司卡特彼勒金融公司向购买卡特彼勒产品的客户提供融资租赁服务，并为卡特彼勒产品的经销商们提供商业保理与供应链金融服务。

卡特彼勒在提供设备租赁融资、供应链金融等金融服务上优于传统银行，因为凭借其产业集团的专业背景和行业能力，卡特彼勒的设备融资租赁与供应链金融服务的能力与效率远超传统银行。

其中一个典型的代表就是它对设备资产的估值以及余值的管理。

卡特彼勒有一支专业的"再分销服务团队"CRSI，它负责处理卡特彼勒品牌的二手设备。卡特彼勒为了降低二手交易中信息不透明的风险，成立了CRSI。

CRSI在成立之初，就大力推广卡特彼勒二手设备认证（CCU），并通过分级评定为买卖双方树立一个可信的价值标杆，而卡特彼勒则为所有经过认证的二手设备提供相应水准的保修和零配件服务。CRSI获得了巨大的成功，经过CRSI认证的卡特彼勒的二手设备成为全球最保值的二手设备。

在此基础上，CRSI通过卡特彼勒分布在全球各地的代理商开拓二手设备市场，专门负责回购和出售卡特彼勒品牌的二手设备。全球每年有1000亿美元的二手设备交易，卡特彼勒借助这一市场不仅能够充分挖掘设备价值，还能通过资产余值的管理来降低违约事件中的信用损失。

余值管理能力使卡特彼勒金融公司敢于接受更高风险的融资申请。通过美国设备金融与租赁协会数据显示：2006—2007年，银行的设备金融公司和独立设备金融公司接受申请的比例为65％，而厂家的设备金融公司接受融资申请的比例约为85％。显然，在产融模式下设备金融公司风险边界的拓展，提高了贷款收益率。

2008年，卡特彼勒的金融业务为集团贡献了5.8亿美元的营业利润，相当于其集团总营业利润的13％。卡特彼勒的金融服务改变了产业部门的盈利模式，传统制造部门的产品销售模式变成了"销售＋服务"模式，在获得增值收益的同时，提高了业绩稳定性。

卡特彼勒的成功说明融资租赁所提供的专业化金融服务的可行性。它不仅仅促进了设备的制造销售，又巩固了与上下游合作共赢的关系与黏着度，更是拓展了盈利来源，变成企业的核心竞争力。

除了一达通和卡特彼勒，GE（通用电气）也是产融结合的典型。

GE是基础设施技术服务全球领先供应商之一，包括飞机发动机、能源、石油和天然气、轨道交通和水处理技术等业务集团。

GE金融是GE集团内部为制造部门提供金融服务的内部银行，经过十多年的发展，主要包括5种形式：车贷、信用卡、抵押、个人贷款和销售融资。

2014年，GE金融的销售收入为其营业利润贡献了近一半，其中98%的收入都来自外部服务。GE金融的资产已经占到集体总资产的70%以上，达到5730亿元。比起美国的JP摩根等老牌银行毫不逊色。

总的来说，成熟的企业在财务金融领域的发展都基本经历了这样四个阶段：

第一，成立专门的集团资金管理中心。这一业务是在原有财务会计的基础上，增加集团资金的计划、调动、投融资、政策制定、监控等管理职能。

第二，发展成集团财务共享中心。将集团全球的财务、资金、银行授信等金融资源集中化、高效率地运营管理，使之成为企业长远发展的核心动力枢纽。

第三，将财务共享中心正式升级为财务公司或者内部银行。通过一个既关联又独立的金融专业主体来将整个集团的资金进行集中化、系统化、专业化运营，其中包含各种金融交易、资金的避险、投融资、现金流管理等，同时也是集团与全球金融市场和上下游供应链资金往来的窗口与枢纽。

财务公司与内部银行的建立无疑是企业传统财务功能的一个巨大升级。一个理想的内部银行应该具备这三个特点：一个专职服务自己集团的专业化银行和专业商业银行；直接参与全球金融市场的交易；具有提供行业专业化的金融解决方案的能力；

第四，将内部银行再次升级为一个开放的行业专业型银行或具有行业特色的多元化金融集团。企业通过对金融资源的调配来带动自身甚至整个行业的迅速发展，并通过运作金融资本，实现全产业链的整合和战略布局。

对于产融结合，很多企业家认为这是大企业才会采用的模式，这当然是一个误解。一达通就是一个鲜明的例子。在今天这个时代，企业的财务早已不再是简单的做账、成本控制和交易结算，企业的财务部应该成为资本运作中心。一个好的资本运作中心不仅能够给企业源源不断地输入资金，保证财务状况正常，而且是一个盈利中心和企业战略发展的核心枢纽。

资本运作全球化

在人民币国际化的推动下，中国的商业银行和企业正在掀起一轮加速海外布局的浪潮，以获取全球金融资源。境外金融资源的低成本和高效率是中国企业家十分渴求的。

在产业链和供应链上做全球布局，并实现全球资本的高效率运作，富士康是先行者之一。

当然，一提起富士康，很多人可能认为这只是一家大规模的代工厂，处于产业链、价值链的最低端。

以富士康为苹果公司代工为例，苹果公司拿走了50%的利润，而富士康的毛利润只有5%不到。从这一部分看富士康，富士康的确处在价值链的最低端。

但是，富士康并非如此简单。事实上，富士康的利润并不在此。假如你买一部苹果手机，富士康的毛利是5%，但通过端到端的资本运作，富士康可以轻松地获取10%以上的净收益。

这又是怎么一回事呢？

富士康的资本运作的核心是借助其和苹果公司的贸易流，在境外做低成本融资，在境内做高收益存款和供应商融资，同时提高贸易资金流的自然对冲，规避汇率风险，从而通过利率套利、汇率套利、信用套利、效率套利这四大核心工具，在多个资本市场跨市套利，并轻松获取10%以上的资本净收益。

富士康首先的做法是将其针对苹果公司的应收账款转变成现金。富士康的货物并不是由富士康（郑州）直接卖给苹果公司，而是经过富士康（台湾），一个传统的两点贸易转变为富士康（郑州）到富士康（台湾）再到苹果公司的三点贸易，目的就是为了方便富士康（台湾）在境外通过应收账款保理这样的形式提早获取资金。

除此之外，富士康在贸易流还多加了一个环节，即CTT。CTT是富士康开在拿骚的一家离岸贸易公司。拿骚位于加勒比海的巴哈马，是一个避税天堂和国际金融中心，被人们称为"加勒比海的苏黎世"。

那么，贸易流就变成了复杂的四点交易：富士康（郑州）卖给CTT，CTT卖给富士康（台湾），富士康（台湾）再卖给苹果公司。

CTT在境外做应收账款保理的成本非常低廉，由于付款信用来自苹果公司和富士康（台湾），其融资成本通常只有年化利率1.5%（以美元计价）。

当CTT在境外把针对苹果公司的应收账款转变为现金后，就即刻汇到富士康（郑州），随后即刻结汇成人民币，存在其合作银行工商银行郑州分行，获取一笔较大的存款收益。同时，规避了远期出口收汇中人民币对美元的汇率波动所可能带来的风险。

富士康通过境内外资金联动，在境外资本市场里做高效率低成本的融资，用在境内外的产业链和供应链上，实现利率套利、汇率套利、信用套利与效率套利。通过境内资本沉淀获取存款的高收益，又可在供应商融资身上获取丰厚的信用套利和风险溢价，而且通过巧妙的自然对冲来规避汇率风险并实现汇率套利。

这一切都源于富士康与苹果公司之间有每月近4亿—5亿美元的巨大贸易流。

富士康采购端的资本运作也值得一提。富士康（郑州）并非直接向供应商下订单，而是统一通过富士康（台湾）下订单。

以广东的一个供应商为例，虽然他的货物是由广东直接运到富士康（郑州）在保税区的工厂，订单却是富士康（郑州）下给富士康（台湾）、再由富士康（台湾）下给广东供应商。

这样做有两个好处：第一，能够获取境内外丰厚的利差收益。通过关联交易，富士康（台湾）和富士康（郑州）的结算账款被拉长到180天。资金可以在国内的高利率市场停留，做高收益贷款。而富士康（台湾）可以借助台湾丰富的资金和低廉的融资成本，轻松地将应收账款转变为现金。

第二，借助境外低成本资金向境内外供应商提供高效率融资，获得丰厚的融资收益。

和富士康相比，美国嘉吉公司的资本运作更加著名。

嘉吉公司成立于1865年，是一家集食品、农业、金融和工业产品及服务为一体的多元化跨国企业集团。

嘉吉集团拥有一支经验丰富、熟谙本土金融投资、眼光独到且一直活跃在全球金融投资市场的管理运营团队。

目前，嘉吉集团的业务范围已成功覆盖了包括美国、加拿大、中国、澳洲、欧盟、新加坡、港台等20多个国家和地区，成为全球金融场行业内投资规模最大、成功经验最为丰富的综合性投资机构之一。

嘉吉旗下的金融机构有：嘉吉风险管理公司、嘉吉结构性金融产品公司、嘉吉投资公司、黑河投资管理公司和嘉吉全球能源交易公司等。依托这些金融组织，嘉吉为农业、食品、金融与能源等行业的客户提供全系列风险管理和金融解决方案。通过这些金融服务，嘉吉把众多客户与合作伙伴牢牢控制在自己手里。

实际上，全球的十几家跨国大宗食品贸易巨头都是真正的金融资本大鳄。它们拥有广阔的咨询网络，并监控着全球大宗商品的供应与需求，通过利用这些数据，它们能够在全球市场内做各种避险与套利。而它们在金融资本运作上所赚取的收益远远超过它们传统的贸易收益，甚至超过大多数的传统银行。由于它们擅长在金融领域里运作高效率以及复杂的结构性金融产品，因此被称为"低调而凶猛的资本大鳄"。可以这样说，华尔街的银行家也难以与之媲美。

今天的中国企业家已经越来越意识到全球产业链布局与相关多元化的重要性，中国企业家不得不开始参与全球金融资本的运作，从富士康、嘉吉等全球金融资本运作高手的成功案例中，相信中国企业家可以学到很多。

图书在版编目（CIP）数据

股权赢天下 / 施琰博著. --北京：华夏出版社，2017.1
ISBN 978-7-5080-8981-2

Ⅰ.①股… Ⅱ.①施… Ⅲ.①企业—股权激励—研究—中国 Ⅳ.①F279.246

中国版本图书馆CIP数据核字(2016)第233606号

版权所有，翻印必究

股权赢天下

作　　者	施琰博
责任编辑	王占刚　许　婷

出版发行	华夏出版社
经　　销	新华书店
印　　刷	三河市少明印务有限公司
装　　订	三河市少明印务有限公司
版　　次	2017年1月北京第1版　2017年1月北京第1次印刷
开　　本	720×1030　1/16开
印　　张	14.25
字　　数	130千字
定　　价	36.00元

华夏出版社　网址:http://www.hxph.com.cn 地址：北京市东直门外香河园北里4号 邮编：100028
若发现本版图书有印装质量问题，请与我社营销中心联系调换。电话：（010）64663331（转）

迅鹰是谁

向鹰学习高效、精准、务实的精神。八年来,迅鹰出版了一批企业案例和企业家经营思想的图书,成功构建了新的商业案例、经营模式、行业研究的经管图书出版体系与文创传播体系。

个性化策划

迅鹰从企业文创层面入手,挖掘每一个企业独到的成功、成长之道,针对不同行业、领域、现状的企业策划个性化企业出版与文创服务。迅鹰认为,一本书,不仅是一座陈列馆,不仅是一段创业的感悟。出书,更是一个深度醒觉与重新上路的过程。

迅鹰团队

十四年文创、媒体、出版行业实操经验,八年连续创业者。

全流程

迅鹰提供全流程的企业出版服务,您只需告诉我你想要达成什么?其他的一切,交给我们。

媒体推广

不少于1000家媒体全面覆盖。

扫一扫,联系我!